春秋公羊經傳解詁莊公第三

何休學

元年春王正月公何以不言即位春秋君
弑子不言即位君弑則子何以不言即位
據繼君不絕也隱之也孰隱隱子也隱痛是子之禍不忍言即位三月
夫人孫于齊孫者何孫猶孫也孫猶遁也內諱奔
謂之孫言于齊者盈諱文夫人固在齊矣其言孫于
齊何據公夫人遂如齊未有來文念母也固在齊而書孫者所以起念母也正月
以存君念母以首事禮練祭取法存君夫人當首祭事時莊公練祭念母而迎
之當書迎反書孫者明不宜也夫人何以不稱姜氏據夫人姜氏孫于邾婁貶

曷爲貶據俱以孫爲文與弑公也其與弑公奈何夫
人譖公於齊侯如其事曰訴加誣曰譖公曰同非吾子齊
侯之子也以淫於齊侯所生齊侯怒與之飲酒欲醉而殺之禮
飲酒不過三爵於其出焉使公子彭生送之於其乘
焉於其將上車時搚幹而殺之搚折聲也扶上車以手搚折其幹念母者
所善也則曷爲於其念母焉貶據貶必於其重不與
念母也念母則忘父背本之道也故絕文姜不爲不孝距蒯聵不爲不順脅靈社不爲不敬蓋重本尊統使尊行
於卑上行於下貶者見王法所當誅至此乃貶者并不與念母也又欲以孫爲內見義明但當推逐去之亦不可加誅誅不加
上之義非實孫月者起練祭左右夏單伯逆王姬單伯者何吾
大夫之命乎天子者也以稱字也禮諸侯三年一貢士於天子天子命與諸

侯輔助爲政所以通賢共治示不獨專重民之至大國舉三人次國舉二人小國舉一人何以不稱
使据公子遂如京師言如者內稱使之文天子召而使之也逆之
者何使我主之也逆者魯自往之文方使魯爲父母主嫁之故與魯使自逆之不言于
京師者使魯主之故使若自魯女無使受之曷爲使我主之据諸侯非一天子
嫁女乎諸侯必使諸侯同姓者主之諸侯與天子同
姓者諸侯嫁女于大夫必使大夫同姓者主
之大夫與諸侯同姓者不自爲主者尊卑不敵其行婚姻之禮則傷君臣之義行君臣之禮則廢婚姻之好故必使同
姓有血脉之屬宜爲父道與所適敵體者主之禮尊者嫁女于卑者必待風旨爲卑者不敢先求亦不可斥與之者申陽
倡陰和之道天子嫁女於諸侯備姪娣如諸侯之禮義不可以天子之尊絕人繼嗣之路主書者惡天子也禮齊衰不接
弁冕仇讎不交婚姻秋築王姬之館于外何以書譏何

譏爾築之禮也于外非禮也以言外知有築內之道也于外非禮也禮
同姓本有主嫁女之道必闕地于夫人之下羣公子之上也時魯以將嫁女于讎國故築于外于外何以
非禮据非內文築于外非禮也于遠辟也爲營衛不固不以將嫁于讎國除譏者魯
本自得以讎爲解無爲受命而外之故曰非禮其築之何以禮据禮當豫設主王
姬者必爲之改築主王姬者則曷爲必爲
之改築据諸侯宮非一於路寢則不可小寢則嫌皆所
以遠別也羣公子之舍謂女公子也則以卑矣以爲大卑其道
必爲之改築者也以上傳言爾知當築夫人之下羣公子之上築例時冬十
月乙亥陳侯林卒王使榮叔來錫桓公命
錫者何賜也上與下之辭命者何加我服也增加其衣服令

有異於諸侯禮有九錫一曰車馬二曰衣服三曰樂則四曰朱戶五曰納陛六曰虎賁七曰弓矢八曰鈇鉞九曰秬鬯皆所以勸善扶不能言命不言服者重命不重其財物禮百里不過九命七十里不過七命五十里不過五命

其言桓公何据錫文公命不言謚追命也增謚明知追命死者禮生有善行死當加美謚不當復加錫不言天王者桓行實惡而乃追錫之尤悖天道故云爾

王姬歸于齊何以書我主之也魯主女爲父母道故恩錄而書之內女歸例月外女不月者聖人探人情以制恩實不如魯女

齊師遷紀郱鄑郚遷之者何取之也以稱師知取之取之則曷爲不言取之也据莒人伐杞取牟婁爲襄公諱也襄公將復讎於紀故先孤弱取其邑本不爲利舉故爲諱不舉伐順諱文也外取邑不書此何以書大之也何大爾自是始滅也將大滅紀從此始故重而書之

二年春王二月葬陳莊公夏公子慶父帥師伐於餘丘於餘丘者何邾婁之邑也曷爲不繫乎邾婁國之也曷爲國之君存焉爾慶父幼少將兵不識者從不言弟意亦起之

秋七月齊王姬卒外夫人不卒此何以卒錄焉爾曷爲錄焉爾据王后崩猶不錄我主之也魯主女爲父母道故卒錄之明當有恩禮內女卒例日外女卒不日者實不如魯女也

冬十有二月夫人姜氏會齊侯于郜書者婦人無外事外則近淫不致者本無出道有出道乃致奔喪致是也

乙酉宋公馮卒

三年春王正月溺會齊師伐衞溺者何吾大夫之未命者也所伐大夫不卒者莊公薄於臣子之恩故不卒大夫與桓同義月者

衛朔背叛出奔天子新立衛公子留齊魯無憚天子之心而伐之故明惡重於伐故月也夏四月葬
宋莊公莊公馮篡不見書葬者篡以計除非以起他事不見也五月葬桓王
此未有言崩者何以書葬蓋改葬也改更也改葬服
輕不當月月者時無非常之變榮奢改葬爾故惡錄之書者諸侯當有恩禮秋紀季以酅
入于齊紀季者何紀侯之弟也何以不名
賢也何賢乎紀季据叛也服罪也其服罪奈何
魯子曰請後五廟以存姑姊妹紀與齊爲讎不直齊大紀
小季知必亡故以酅首服先祖有罪於齊請爲五廟後以酅共祭祀存姑姊妹稱字賢之者以存先祖之功則除出奔之
罪明其知權言入者難辭賢季有難去兄入齊之心故見之男謂女先生爲姊後生爲妹父之姊妹爲姑冬公
次于郎次者兵舍止之名其言次于郎何國內兵不當書公斂處父帥師

而至雖有事而猶不書是也刺欲救紀而後不能也惡公既救人辟難道
還故書其止次以起之諸侯本有相救之道所以抑強消亂也次例時
四年春王二月夫人姜氏饗齊侯于祝丘
書者與會郜同義牛酒曰犒加飯羹曰饗月者再出重也三出不月者省文從可知例三月紀伯
姬卒禮天子諸侯絕期大夫絕緦天子唯女之適二王後者諸侯唯女之爲諸侯夫人者恩得申故卒之夏
齊侯陳侯鄭伯遇于垂紀侯大去其國大
去者何滅也孰滅之齊滅之曷爲不言齊
滅之爲襄公諱也春秋爲賢者諱何賢乎
襄公据楚莊王亦賢滅蕭不爲諱復讎也何讎爾遠祖也
哀公亨乎周亨煑而殺之紀侯譖之以襄公之

爲於此焉者事祖禰之心盡矣盡者何襄
公將復讎乎紀卜之曰師喪分焉龜曰卜蓍曰筮分半
也師喪亡其半寡人死之襄公答卜者之辭不爲不吉也遠祖
者幾世乎九世矣九世猶可以復讎乎雖
百世可也百世大言之爾猶詩云嵩高維嶽峻極于天君子萬年家亦可乎
家謂大夫家曰不可國何以可據家不可國君一體也
先君之恥猶今君之恥也今君之恥猶先
君之恥也先君謂哀公今君謂襄公言其恥同也國君何以爲一
體據非一世國君以國爲體諸侯世故國君爲一
體也雖百世號猶稱齊侯今紀無罪今紀侯也此非怒與怒遷怒齊

人語也此非怒其先祖遷之于子孫與曰非也古者有明天子則紀
侯必誅必無紀者紀侯之不誅至今有紀
者猶無明天子也古者諸侯必有會聚之
事相朝聘之道號辭必稱先君以相接然
則齊紀無說焉不可以並立乎天下無說無說懌也
故將去紀侯者不得不去紀也有明天子
則襄公得爲若行乎若如也猶曰得爲如此行乎曰不得也
不得則襄公曷爲爲之上無天子下無方
伯有而無益於治曰無猶易曰闚其無人緣恩疾者可也疾痛也賢襄公爲諱
者以復讎之義除滅人之惡言大去者爲襄公明義但
當遷徙去之不當取有有明亂義也不爲文實者方諱

不得貶

六月乙丑齊侯葬紀伯姬外夫人不書葬此何以書據鄫季姬也隱之也何隱爾其國亡矣徒葬於齊爾徒者無臣子辭也國滅無臣子徒爲齊侯所葬故痛而書之明魯宜當閔傷臨之卒不日葬日者魯本宜葬之故移恩錄文於葬此復讎也曷爲葬之據恩怨不兩行滅其可滅葬其可葬此其爲可葬柰何復讎者非將殺之逐之也以爲雖遇紀侯之殯亦將葬之也以爲者設事辭而言之以大斂而徙棺曰殯夏后氏殯於阼階之上若存殷人殯於兩楹之間賓主夾之周人殯於西階之上賓之也稱齊侯者善葬伯姬得其宜也秋七月冬公及齊人狩于郜公曷爲與微者狩據與高傒盟諱此竟逐恥同齊侯也以不沒公知爲齊侯也齊侯則其稱人何諱與讎狩也禮父母之讎不同戴天兄弟之讎不同國九族之讎不同鄉黨朋友之讎不同市朝稱人者使若微者不沒公言齊人者公可以見齊微者至於魯人皆當復讎義不可以見齊侯也前此者有事矣溺會齊師伐衞是也後此者有事矣師及齊師圍盛是也則曷爲獨於此焉譏於讎老將壹譏而已故擇其重者而譏焉莫重乎其與讎狩也狩者上所以共承宗廟下所以教習兵行義於讎者則曷爲將壹譏而已讎者無時焉可與通通則爲大譏不可勝譏故將壹譏而已其餘從同同其餘輕者從義與重者同不復譏都與無讎同文論之所以省文達其異義矣凡二同故言同同

五年春王正月夏夫人姜氏如齊師秋倪

黎來來朝倪者何小邾婁也小邾婁國小邾婁則曷爲謂之倪未能以其名通也倪者小邾婁之都邑時未能爲附庸不足以小邾婁名通故略謂之倪黎來者何名也其名何據僖七年稱子微國也此最微得見者其後附從齊桓爲僖七年張本文冬公會齊人宋人陳人蔡人伐衛此伐衛何納朔也曷爲不言納衛侯朔據納頓子于頓言納下朔入公入致伐齊人來歸衛寳知爲納朔伐之辟王也辟王者兵也王人子突是也使若伐而去不留納朔者所以正義因爲內諱

六年春王三月王人子突救衛王人者何微者也子突者何別何之者稱人序上又僖八年王人不稱字嫌二人貴也貴子之稱貴則其稱人何據王子瑕不稱人本當言王子突示諸侯親親以責之也繫

諸人也曷爲繫諸人據不以微及大王人耳剌王者朔在岱陰齊時一使可致一夫可誅而緩令交連五國之兵伐天子所立還以自納王遣貴子突卒不能救遂爲天下笑故爲王者諱使若遣微者弱愈因爲內殺惡救例時此月者嫌實微者故加録之以起實貴子突夏六月衛侯朔入于衛衛侯朔何以名據衛侯入于陳儀不名絶曷爲絶之據俱入也犯命也犯天子命尤重其言入何據頓子不復書入簒辭也上辟王不得言納故復從簒辭書入也不直言簒者事各有本也殺而立者不以當國之辭言之非殺而立者以當國之辭言之國人立之曰立他國立之曰納從外曰入諸侯有屬託力加自文也不書公子留出奔者天子本當絶衛不當復立公子留因爲天子諱微弱秋公至自伐衛曷爲或言致會或言致伐得意致會所伐國服兵解國安故不復録兵所從來獨重其本會之時不得意致伐所伐國不服兵將復用國家有危故重録

所從來此謂公與二國以上也公與一國及獨出用兵得意不致不得意致伐公與二國以上出會盟得意致會不得意不致公與一國出會盟得意致地不得意不致皆例時衛侯朔入于衛何以致
伐據得意不敢勝天子也與上辟王同義父不月者不蝡與伐天子也故不爲危録之蝡
先是伐衛納朔兵歷四時乃反民煩擾之所生冬齊人來歸衛寶此衛寶也
則齊人曷爲來歸之衛人歸之也以稱人共國辭衛
人歸之則其稱齊人何讓乎我也其讓乎
我奈何齊侯曰此非寡人之力魯侯之力
也時朔得國後遣人賂齊齊侯推功歸魯使衛人持寶來謝本非義賂齊當以讓除惡故善起其事主書者極惡魯犯
命復貪利也不爲大惡者納朔本不以賂行事畢而見謝爾寶者玉物之凡名
七年春夫人姜氏會齊侯于防夏四月辛

三七十小 大百八十三　公羊　三　八　曾言

卯夜恒星不見夜中星霣如雨恒星者何
列星也恒常也常以時列見列星不見則何以知夜之
中星反也反者星復其位如雨者何如雨者非雨也
非雨則曷爲謂之如雨不脩春秋曰雨星
不及地尺而復不脩春秋謂史記也古者謂史記爲春秋君子脩之
曰星霣如雨明其狀似雨爾不當言雨星不言尺者霣則爲異不以尺寸録之何以
書記異也列星者天之常宿分守度諸侯之象周之四月夏之二月昏參伐狼注之宿當見參伐主
斬艾立義狼注主持衡平也皆滅者法度廢絶威信陵遲之象時天子微弱不能誅衛侯朔是後遂失其政諸侯背叛王
室日卑星霣未墜而夜中星反者房心見其虚危斗房心天子明堂布政之宫也虚危齊分其後齊桓行霸陽穀之會有
王事秋大水無麥苗無苗則曷爲先言無麥

而後言無苗苗者禾也生曰苗秀曰禾据是時苗微麥彊俱遇水災苗先亡一災不書待無麥然後書無苗明君子不以一過責人水旱螟螽皆以傷二穀乃書然不書穀名至麥苗獨書者民食最重何以書記災也先是莊公伐衛納朔用兵踰年夫人數出淫泆民怨之所生冬夫人姜氏會齊侯于穀

八年春王正月師次于郎以俟陳人蔡人次不言俟此其言俟何据次于陘俟屈完不書俟託不得已也師出本爲下滅盛興陳蔡屬兵當伐衛同心又國遠故因假以諱滅同姓待二國爲留辭主所以辟下言及也加以者辟實俟陳蔡人者略以外國辭稱人微之甲午祠兵祠兵者何出曰祠兵禮兵不徒使故將出兵必祠於近郊陳兵習戰殺牲饗士卒入曰振旅五百人曰旅其禮一也皆習戰也言與祠兵禮如一將出不嫌不習故

以祠兵言之將入嫌於廢發之故以振訊士衆言之互相見也祠兵壯者在前難在前振旅壯者在後復長幼且衛後也何言乎祠兵据不書爲久也爲久稽留之辭曷爲爲久据取長葛久之吾將以甲午之日然後祠兵於是諱爲久留辭使若無欲滅同姓之意因見出竟明盛非內邑也夏師及齊師圍成成降于齊師成者何盛也以上有祠兵下有盛伯來奔盛則曷爲謂之成諱滅同姓也因魯有成邑同聲相似故云爾曷爲不言降吾師据戰於宋不言歸鄭辟之也辟滅同姓言圍者使若魯圍之而去成自從後降於齊師也降者自伏之文所以醇歸於齊言及者起魯實欲滅之不月者順諱文不書盛伯出奔深諱之秋師還還者何善辭也此滅同姓何善爾病之也慰勞其罷病曰師病矣曷爲病之据師出皆罷病曷爲獨勞

此病也 非師之罪也 明君之使重在君因解非師自汲汲 冬十有一月癸未齊無知弒其君諸兒 諸兒襄公也無知公子夷仲年之子襄公從弟

九年春齊人殺無知公及齊大夫盟于暨公曷為與大夫盟 据與高傒盟諱不言公 齊無君也然則何以不名 据高傒名 為其諱與大夫盟也使若衆然 鄰國之臣猶吾臣也君之於臣當告從命行而反歃血約誓故諱使若悉得齊諸大夫約束之者愈也不月者是時齊以無知之難小白奔莒子糾奔魯齊迎子糾欲立之魯不與而與之盟齊為是更迎小白然後乃伐齊欲納子糾不能納故深諱使若信者也不致者魯地也子糾出奔不書者本未命為嗣賤故不録之 夏公伐齊納糾納者何入辭也其言伐之何 据晉

人納捷菑于邾婁不言伐 伐而言納者猶不能納也 伐者非入國辭故云爾 糾者何公子糾也何以不稱公子 据下言子糾知非當國本當去國見挈言公子糾 君前臣名也 春秋別嫌明疑嫌當為齊君在魯君前不為臣禮公子無去國道臣異國義故去公子見臣於魯也納不致者言伐得意不得意可知猶遇弗遇例也不月者非納篡辭 齊小白入于齊曷為以國氏 据宋公子池自陳入于蕭氏公子也 當國也 當國故先氏國也不月者移惡于魯也 其言入何篡辭也秋七月丁酉葬齊襄公八月庚申及齊師戰于乾時我師敗績内不言敗此其言敗何 据郎之戰 伐敗也 自誇大其伐而取敗 曷為伐敗 据内不言敗績曷為自誇大其伐而取敗 復讎也 復讎以死敗為榮故録之高齊襄賢仇牧是也 此復讎

乎大國曷爲使微者据納子糾公猶自行即大夫當有名氏公也
如上据知爲公公則曷爲不言公不與公復讎也曷
爲不與公復讎据諱與讎狩復讎者在下也時實爲不
能納子糾伐齊諸大夫以爲不如以復讎伐之於是以復讎伐之非誠心至意故不與也書敗者起託義戰不致者有敗
文得意不得意可知例九月齊人取子糾殺之其取之
何据楚人殺陳夏徵舒不言取執齊慶封殺之言執也内辭也脅我使我殺
之也以下浚洙知其脅也以稱人共國辭知使魯殺之時小白得國與鮑叔牙圖國政故鮑叔薦管仲召忽曰
使彼國得賢己國之患也乃脅魯使殺子糾求管仲召忽魯惶恐殺子糾歸管仲召忽死之故深諱使若齊自取殺
之其稱子糾何据不立也貴也其貴柰何宜爲
君者也故以君薨稱子某言之者著其宜爲君明魯爲齊殺之皆當坐弑君因解上納言糾皆不爲篡

所以理嫌疑也月者從未踰年君例主書者從齊取也冬浚洙浚洙者何水也
以言浚也浚之者何深之也曷爲深之据本非人功所爲畏
齊也洙在魯北齊所由來曷爲畏齊也据伐敗也辭殺子糾也
時魯新見脅畏齊浚之微弱恥其故諱使若辭不肯殺子糾也齊自取殺之畏齊怒爲備亦所以起上脅也
十年春王正月公敗齊師于長勺二月公
侵宋曷爲或言侵或言伐觕者曰侵觕麤也將兵至
竟以過侵責之服則引兵而去用意尚麤精者曰伐精猶精密也侵責之不服推兵入竟伐擊之益
深用意稍精密戰不言伐麤戰爲重犂戰是也合兵血刃曰戰圍不言戰麤圍
爲重楚子圍鄭是也以兵守城曰圍入不言圍麤入爲重晉侯入曹執曹伯是也得而不居曰入滅
不言入麤滅爲重齊滅萊是也取其國曰滅書其重者也明當以重者罪之猶律一人有

數罪以重者論之月者屬北敗彊齊之兵南侵彊宋南北有難復連禍於大國故危之 三月宋人遷

宿遷之者何不通也 以其不道所遷之地 以地還之也 還繞也解上不通也不通反爲遷者宋本欲遷宿君取其國不知宿之不肯邪宋逆詐邪先繞取其地使不得通四方宿窮從宋求遷故得言遷 子沈子曰不通者蓋因而臣之也 以宋稱人也宿不得通四方宿君遷宋因臣有之不復以兵攻取故從國辭稱人也月者遷取王封當與滅人同罪書者宋當坐滅人宿不能死社稷當絕也主書者從宋也 夏六月齊師宋師次于郎公敗宋師于乘丘其言次于郎何 据齊國書伐我不言次敗不言乘丘伐也 時伐魯故書次郎魯地 伐則其言次何 据齊國書伐我不言次

齊與伐而不與戰故言伐也 此道本所以當言伐意也齊與伐而不與戰伐兵得成故當言伐也 我能敗之故言次也 此解本所以不言伐言次意也

二國讒止次未成於伐魯即能敗宋師齊師罷去故不言伐言次也明國君當彊折衝當遠魯微弱深見犯至於近邑賴能速勝之故云爾所以彊內且明臣子當將順其美匡救其惡 秋九月荆敗蔡師于莘以蔡侯獻舞歸荆者何州名也 州謂九州冀兖青徐揚荆豫梁雍 州不若國國不若氏氏不若人人不若名名不若字 皆取精詳録也 字不若子 爵取尊春秋假行事以見王法聖人爲文辭孫順善善惡惡不可正言其罪因周本有奪爵稱國氏人名字之科故加州文備七等以進退之若自記事者書人姓名主人習其讀而問其傳則未知己之有罪焉爾猶此類也 蔡侯獻舞何以名 据獲晉侯不名 絕曷爲絕之 据晉侯不名絕 獲也 獲得也戰而爲敵所得獻舞不言獲故名以起之 曷爲不言其獲 据晉侯言獲也 不與夷狄之獲中國也 與凡伯同義夷狄謂楚不言楚言荆者楚彊而近中國卒暴責之則恐爲害深故進之以漸從此七

等之極始也冬十月齊師滅譚譚子奔莒何以不言出据衛侯出奔也國已滅矣無所出也別於有國出奔者孔子曰君子於其言無所苟而已矣月者惡不死位也

十有一年春王正月夏五月戊寅公敗宋師于鄑秋宋大水何以書記災也外災不書此何以書据漷移不書及我也時魯亦有水災書魯則宋災不見兩舉則煩文不省故詭例書外以見內也先是二國比興兵相敗百姓同怨而俱災故明天人相與報應之際甚可畏之冬王姬歸于齊何以書過我也時王者嫁女於齊塗過魯明當有送迎之禮在塗不稱婦者王者無外故從在國辭

十有二年春王三月紀叔姬歸于酅其言

歸于酅何据國滅來歸不書酅非紀國而言歸隱之也何隱爾其國亡矣徒歸于叔爾也叔者紀季也婦人謂夫之弟爲叔來歸不書書歸酅者痛其國滅無所歸也酅不繫齊者時齊聽後五廟故國之起有五廟存也月者恩錄之夏四月秋八月甲午宋萬弒其君接及其大夫仇牧及者何累也弒君多矣舍此無累者乎孔父荀息皆累也舍孔父荀息無累者乎曰有復反覆發傳者樂道人之善也孔子曰益者三樂損者三樂樂節禮樂樂道人之善樂多賢友益矣樂驕樂樂佚遊樂宴樂損矣有則此何以書賢也何賢乎仇牧据與孔父同也仇牧可謂不畏彊禦矣以下錄萬出奔月也禦禁也言力彊不可禁也其不畏彊禦奈何萬嘗與莊公戰莊公即魯莊公戰者乘丘時

獲乎莊公莊公歸散舍諸宮中散放也舍止也獲不書者士也數月然後歸之歸反爲大夫於宋與閔公博博奕道此者極其禍生於博戲相慢易也婦人皆在側萬曰甚矣魯侯之淑淑善魯侯之美也美好天下諸侯宜爲君者唯魯侯爾萬見婦人皆在側故許閔公以此言言閔公不如魯侯美好閔公矜此婦人色自美大於此婦人妒其言顧曰此虜也顧謂側婦人曰此萬也虜執虜也爾虜焉故爾女也謂萬也更向萬曰女嘗執虜於魯侯故稱譽爾魯侯之美惡乎至惡乎猶向所至萬怒搏閔公絕其脰脰頸也齊人語仇牧聞君弒趨而至遇之于門手劍而叱之手劍持拔劍叱罵之萬臂摋仇牧碎其首側手曰摋首頭齒著乎門闔闔扇仇牧可謂不畏彊禦矣猶乳犬攫虎伏雞搏狸精誠之至也爭傳弒君而以當國言之者重録彊禦之賊禍不可測明當防其重者急誅之

冬十月宋萬出奔陳萬弒君所以復見者重録彊禦之賊明當急誅之也月者使與大國君奔同例明彊禦也

十有三年春齊侯宋人陳人蔡人邾婁人會于北杏齊桓行霸約束諸侯尊天子故爲此會也桓公時未爲諸侯所信鄉故使微者會也桓公不辭微者欲以卑下諸侯遂成霸功也

夏六月齊人滅遂不會北杏故也不諱者桓公行霸不任文德而尚武力又功未足以除惡

秋七月冬公會齊侯盟于柯何以不日据唐之盟日易也易猶佼易也相親信無後患之辭其易奈何桓之盟不日其會不致信之也其不日

何以始乎此莊公將會乎桓曹子進曰君之意何如進前也曹子見莊將會有懟色故問之莊公曰寡人之生則不若死矣自傷與齊爲讎不能復也伐齊納糾不能納反復爲齊所脅而殺之曹子曰然則君請當其君臣請當其臣當猶敵也將劫之辭莊公曰諾於是會乎桓莊公升壇土基三尺土階三等曰壇會必有壇者爲升降揖讓稱先君以相接所以長其敬曹子手劍而從之從隨也隨莊公上壇造桓公前而脅之曹子本謀當其臣更當其君者見莊有不能之色管子進曰君何求乎管子管仲也君謂莊公也桓公卒愕不能應故管子進爲此言曹子曰莊公亦造次不知所言故任曹子城壞壓竟齊數侵魯取邑以喻侵深也君不圖與君謂齊桓公圖計也猶曰君不當計侵魯大甚管子曰然則君將何求所侵邑非一欲求何者曹子曰願請汶陽之田欲復魯竟管子顧曰君許諾諸侯死國不死邑故可許諾桓公曰諾曹子請盟桓公下與之盟下壇與曹子定約盟誓莊公也必下壇者爲殺牲不絜又盟本非禮故不于壇上也已盟曹子摽劍而去之摽辟也時曹子端劍守桓公已盟乃摽劍置地與桓公相去離故云爾要盟可犯臣約束君曰要彊見要脅而盟爾故云可犯而桓公不欺曹子可讎以臣劫君罪可讎而桓公不怨桓公之信著乎天下自柯之盟始焉諸侯猶是翕然信鄉服從再會于鄄同盟于幽遂成霸功故云爾劫桓公取汶陽田不書者諱行詐劫人也

十有四年春齊人陳人曹人伐宋夏單伯會伐宋其言會伐宋何据伐國不殊會曹伯襄言會諸侯後

會也本期而後故但舉會書若刺其不信因以分別力惡有深淺也從義兵而後者力薄從不義兵而後者惡淺秋七月荊入蔡冬單伯會齊侯宋公衛侯鄭伯于鄄

十有五年春齊侯宋公陳侯衛侯鄭伯會于鄄夏夫人姜氏如齊秋宋人齊人邾婁人伐兒鄭人侵宋冬十月

十有六年春王正月夏宋人齊人衛人伐鄭秋荊伐鄭冬十有二月公會齊侯宋公陳侯衛侯鄭伯許男曹伯滑伯滕子同盟于幽同盟者何同欲也同心欲盟也同心爲善善必成同心爲惡惡必成故重而言同心也邾婁子克卒小國未嘗卒而卒者爲慕霸者有尊天子之心行進也不日始與霸者未如瑑瑑卒在二十八年

十有七年春齊人執鄭瞻鄭瞻者何鄭之微者也以無氏也此鄭之微者何言乎齊人執之据獲宋萬不書者不坐獲微者今書齊稱人坐執文書甚佞也爲甚佞故書惡之所以輕坐執人也然不得爲伯討者爭未得行罪未成也孔子曰放鄭聲遠佞人罪未成者但當遠之而已夏齊人瀸于遂瀸者何瀸積也衆殺戍者也瀸者死文瀸之爲死積死非一之辭故曰瀸積衆多也以兵守之曰戍齊人滅遂遂民不安欲去齊強戍之遂人共以藥投其所飲食水中多殺之古者有分土無分民齊戍之非也遂不當坐也故使齊爲自積死文也稱人者衆辭也不書戍將帥者封內之兵故不書秋鄭瞻自齊逃來何以書書甚佞也曰

佞人來矣佞人來矣重言來者道經主書者若傳不瞞蓋痛魯知而受之信其計策以取齊淫女丹楹刻桷卒爲後敗也加逆者抑之也所以抑之者上執稱人嫌惡不明繫鄭者明行當本於鄉里也子貢問曰鄉人皆好之何如子曰未可鄉人皆惡之何如子曰未可不若鄉人之善者好之鄉人之惡者惡之冬多麋何以書記異也麋之爲言猶迷也象魯爲鄭瞻所迷惑也言多者以多爲異也

十有八年春王三月日有食之是後戎犯中國魯蔽鄭瞻夫人如莒淫泆不制所致夏公追戎于濟西以兵逐之曰追此未有言伐者其言追何据公追齊師至酅舉齊侵也大其爲中國追也以其不限所至知爲中國追也此未有伐中國者則其言爲中國追何大其未至而豫禦之也其言于濟西何据公追齊師至酅弗及不言于也大之也大公除害恩及濟西也言大者當有功賞也追例時

大百六十九　小三百八十五

秋有蜮何以書記異也蜮之猶言惑也其毒害傷人以體不可見象魯爲鄭瞻所惑其毒害傷人將以大亂而不能見也言有者以有爲異也冬十月

十有九年春王正月夏四月秋公子結媵陳人之婦于鄄遂及齊侯宋公盟媵者何諸侯娶一國則二國往媵之以姪娣從言往媵之者禮君不求媵二國自往媵夫人所以一夫人之尊姪者何兄之子也娣者何弟也諸侯壹聘九女諸侯不再娶必以姪娣從之者欲使一人有子二人喜也所以防嫉妬令重繼嗣也因以備尊尊親親也九者極陽數也不再娶者所以節人情開媵路媵不書此何以書据伯姬歸于紀不書媵也爲其有遂事書爲下有遂事善也故書所以不當書以起將有所詳録猶伯姬書媵也不媵則當取得書者張

本文言公子結如陳遂及齊侯宋公盟于鄄大夫無遂事此其言遂何聘禮大夫受命不受辭以外事不素制不豫設故云爾出竟有可以安社稷利國家者則專之可也先是鄄幽之會公比不至公子結出竟遭齊宋欲深謀伐魯故專矯君命而與之盟除國家之難全百姓之命故善而詳録之先書地後書盟者明出竟乃得專之也盟不地者方使上爲出竟地即更出地嫌上地自爲媵出地也陳稱人者爲内書故略以外國辭言之此陳侯夫人言婦者在塗也加之者禮未成也冬齊人宋人陳人伐我西鄙而盟不日者起國家後背結之約非結不信也夫人姜氏如莒冬齊人宋人陳人伐我西鄙鄙者邊垂之辭榮見遠也

二十年春王二月夫人姜氏如莒月者再出也不從四年巳月者異國夏齊大災大災者何大瘠也瘠病也齊人語也以加大知非火災也大瘠者何痢也痢者民疾疫也何以書記災也外災不書此何以書及我也與宋大水同義痢者邪亂之氣所生是時魯任鄭瞻夫人如莒淫泆齊侯亦淫諸姑姊妹不嫁者七人秋七月冬齊人伐戎

二十有一年春王正月夏五月辛酉鄭伯突卒秋七月戊戌夫人姜氏薨冬十有二月葬鄭厲公春秋篡明者書葬

二十有二年春王正月肆大省肆者何跌也跌過度大省者何災省也謂子卯日也夏以卯日亡殷以子日亡先王常以此日省吉事不忍舉又大自省敕得無獨有此行乎常若聞災自省故曰災省也肆大省何以書譏何譏爾譏始忌省也時魯有夫人喪忌省日不哭省日本以忌吉事不以忌凶事故禮哭不辟子卯日所以專孝子之恩也不與念母而譏忌省者本不事母則己不當忌省獨爲商人責不討賊

癸丑葬我小君文姜文姜者何莊公之母也（輒發傳者起歸母錄子恩凡母在子年無適庶皆繫子也不在子年適母繫夫庶母繫子言小君者比於君爲小俱臣子辭也文者謚也夫人以姓配謚欲使終不忘本也）陳人殺其公子禦寇（書者殺君之子重也）夏五月（以五月首時者譏莊公娶讎國女不可以事先祖奉四時祭祀猶五月不宜以首時）秋七月丙申及齊高傒盟于防（防魯地）齊高傒者何貴大夫也曷爲就吾微者而盟（据暨與公盟也）公也（以其日微者不得日大夫盟當出名氏）公則曷爲不言公諱與大夫盟也冬公如齊納幣（納幣即納徵納徵禮曰主人受幣士受儷皮是也禮言納徵春秋言納幣者春秋質也凡婚禮皆用鴈取其知時候唯納徵用玄纁束帛儷皮玄纁取其順天地也儷皮者鹿皮所以重古也）納幣不書此何以書（据桓三年公子翬如齊逆女不書納幣）譏何譏爾親納幣非禮也（時莊公實以淫泆大惡不可言故因其有事於納幣以無廉恥爲譏不譏喪娶者舉淫為重也凡公之齊所以起淫者皆以危致也）

二十有三年春公至自齊桓之盟不日其會不致信之也（据柯之盟不日柯之會不致）此之桓國何以致危之也何危爾公一陳佗也（公如齊淫與陳佗相似如一也）祭叔來聘（不稱使者公一陳佗故絕使若我無君以起其當絕因不與天子下聘小人）夏公如齊觀社何以書譏何譏爾諸侯越竟觀社非禮也（觀社者觀祭社諱淫言觀社者與親納幣同義社者土地之上祭者報德也生萬物居人民德至厚功至大故感春秋而祭之天子用三牲諸侯用羊豕）公至自齊

荆人來聘荆何以稱人据上稱州始能聘也春秋王魯因其始來聘明夷狄能慕王化脩聘禮受正朔者當進之故使稱人也稱人當繫國而繫荆者許夷狄者不一而足公及齊侯遇于穀蕭叔朝公其言朝公何据公在內不言朝公在外言會公在外也時公受朝於外故言朝公惡公不受於廟秋丹桓宮楹何以書譏何譏爾丹桓宮楹非禮也楹柱也丹之者爲將娶齊女欲以誇大示之傳言丹桓宮者欲道天子諸侯各有制也禮天子斲而礱之加密石焉諸侯斲而礱之不加密石大夫斲之士首本失禮宗廟例時冬十有一月曹伯射姑卒曹達春秋常卒月葬時也始卒日葬月嫌與大國同後卒而不日入所聞世可日不復日十有二月甲寅公會齊侯盟于扈桓之盟不日此何以日危之也何危爾我貳也莊公有淫泆汙貳之行魯子曰我貳者非彼然我然也嫌上說以齊惡我貳揖疑而盟故日也解言非齊惡我也我行汙貳動作有危故日之也

二十有四年春王三月刻桓宮桷何以書譏何譏爾刻桓宮桷非禮也與丹楹同義月者功重於丹楹葬曹莊公夏公如齊逆女何以書親迎禮也諱淫故使若以得禮書也禮諸侯既娶三月然後夫人見宗廟見宗廟然後成婦禮秋公至自齊八月丁丑夫人姜氏入其言入何据夫人姜氏言至不言入難也其言日何据夫人姜氏至不日難也其難奈何夫人不僂不可使入與公有所約然後入僂疾也齊人語約約遠媵妾也夫人稽留不肯疾順公不可使即入公至後與公約定八月丁丑乃入故爲難辭也夫人要公不爲

大惡者妻事夫有四義雞鳴縱笄而朝君臣之禮也三年惻隱父子之恩也圖安危可否兄弟之義也樞機之内寢席之上朋友之道不可純以君臣之義責之

戊寅大夫宗婦覿用幣宗婦者何大夫之妻也覿者何見也用者何用者不宜用也不宜用幣爲贄也見用幣非禮也以文在覿下不使齎見知非禮也然則曷用棗栗云乎腶脩云乎腶脩者脯也禮婦人見舅姑以棗栗爲贄見女姑以腶脩爲贄見夫人至尊兼而用之云乎辭也棗栗取其早自謹敬腶脩取其斷斷自脩正執此者若其辭云爾所以敘情配志也凡贄天子用鬯諸侯用玉卿用羔大夫用鴈士用雉雉取其耿介鴈取其在人上有先後行列羔取其執之不鳴殺之不號乳必跪而受之類死義知禮者也玉取其至清而不自蔽其惡絜白而不受汚内堅剛而外溫潤有似乎備德之君子鬯取其芬芳在上臭達於天而醇粹無擇有似乎聖人故視其所執而知其所任矣曰者禮夫人至大夫皆郊迎明日大夫宗婦皆見故著其明日也大夫妻言宗婦者大夫爲宗子者也族所以有宗者爲調族理親疏令昭

穆親疏各得其序也故始統世世繼重者爲大宗旁統者爲小宗小宗無子則絕大宗無子則不絕重本也天子諸侯世以三牲養禮有代宗之義大夫不世不得專宗著言宗婦者重教化自本始也

大水夫人不制遂淫二叔陰氣盛故明年復水也

冬戎侵曹曹羈出奔陳曹羈者何曹大夫也以小國知無氏爲大夫曹無大夫此何以書据羈無氏賢也何賢乎曹羈据國見侵出奔以辟難戎將侵曹曹羈諫曰戎衆以無義戎師多又常以無義爲事君請勿自敵也禮兵敵則戰不敵則守君師少不如守且使臣下往曹伯曰不可臣下不可獨往三諫不從遂去之故君子以爲得君臣之義也孔子曰所謂大臣者以道事君不可則止此之謂也諫必三者取月生三日而成魄臣道就也不從得去者仕爲行道道不行義不可以素餐所以申賢者之志孤惡君也諫有五一曰諷諫孔子曰家不藏甲邑無百雉之城季氏自墮之是也二曰順諫

曹羈是也三曰直諫子家駒是也四曰爭諫子反請歸是也五曰贛諫百里子蹇叔子是也赤歸于曹郭公赤者何曹無赤者蓋郭公也以郭公在赤下郭公者何失地之君也失地者出奔也名言歸倒郭公置赤下者欲起曹伯爲戎所殺故使若曹伯死謚之爲郭公而赤微者自歸曹也不言赤奔者從微者例不得録出奔

二十有五年春陳侯使女叔來聘稱字者敬老也禮七十雖庶人主字而禮之孝經曰昔者明王之以孝治天下也不敢遺小國之臣是也夏五月癸丑衛侯朔卒春秋篡明者當書葬朔不書葬嫌與篡同例身絶國不絶故去葬明犯天子命重不得書葬與盜國同六月辛未朔日有食之鼓用牲于社日食則曷爲鼓用牲于社据日食在天求乎陰之道也求責求也以朱絲營社或曰脅之或曰爲闇恐人

犯之故營之或曰者或人辭其義各異也或曰脅之與責求同義社者土地之主也月者土地之精也上繫于天而犯日故鳴鼓而攻之脅其本也朱絲營之助陽抑陰也或曰爲闇者社者土地之主尊也爲日光盡天闇冥恐人犯歷之故營之然此說非也記或傳者示不欲絶異說爾先言鼓後言用牲者明先以尊命責之後以臣子禮接之所以爲順也不言鼓于社用牲者與禘于大廟用致夫人同嫌起用牲爲非禮書者善内感懼天災應變得禮也是後夫人遂不制通於二叔殺二嗣子也伯姬歸于杞秋大水鼓用牲于社于門其言于社于門何据一鼓用牲耳于社禮也于門非禮也于門非禮故略不復舉鼓用牲不舉非禮爲重者如去于社嫌于門禮也大水與日食同禮者水亦土地所爲雲實出于地而施于上乃雨歸功于天猶臣歸美于君冬公子友如陳如陳者聘也内朝聘言如者尊内也書者録内所交接也朝京師大國善有加録文如楚有危文聘無月者比於朝輕也

二十有六年春公伐戎夏公至自伐戎曹殺

其大夫何以不名據莒小於曹殺公子意恢名衆也曷爲衆殺之據殺三郤名不死于曹君者也曹諸大夫與君俱敵戎戰曹伯爲戎所殺諸大夫不伏節死義獨退求生後嗣子立而誅之春秋以爲得其罪故衆略之不名凡書君殺大夫〻〻有罪以專殺書他皆以罪舉君死乎位曰滅曷爲不言其滅據胡子髡滅爲曹羈諱也此蓋戰也何以不言戰如上語知爲戰爲曹羈諱也諱者亡出奔嫌辟難欲起其賢又所諫者戰也故爲去戰滅之文所以致其意也曹無大夫書殺大夫者起當誅也秋公會宋人齊人伐徐冬十有二月癸亥朔日有食之異與上日食略同

二十有七年春公會杞伯姬于洮書者惡公教內女以非禮也洮內地凡公出在外致在內不致其與婦人會不別得意雖在外猶不致伯姬不卒者蓋不與卒于無服妾會來例皆時夏六月公會齊侯宋公陳侯鄭伯同盟于幽秋公子友如陳葬原仲原仲者何陳大夫也大夫不書葬此何以書據益師等皆不書葬稱字者葬從主人也通乎季子之私行也不以公事行曰私行私行不言葬原仲于陳若告糴者告糴上有無麥禾知以國事起此上下無起文而不言如陳嫌不辟國事實私行也不嫌使乎大夫者有國文也何通乎季子之私行據大夫私行不書辟內難也欲起其辟內難君子辟內難而不辟外難禮記曰門內之治恩揜義門外之治義揜恩內難者何公子慶父公子牙公子友皆莊公之母弟也公子慶父公子牙通乎夫人通者淫通以脅公語在三十二年季子起而治之則不得與

于國政坐而視之則親親（親至親也）因不忍見也（因緣己心不忍見親親之亂）故於是復請至于陳而葬原仲也（書者惡莊公不能任用使辟難而出）冬杞伯姬來其言來何（据有來歸）直來曰來（直來無事而來也諸侯夫人尊重既嫁非有大故不得反唯自大夫妻雖無事歲一歸宗）大歸曰來歸（大歸者廢棄來歸也婦人有七棄五不娶三不去嘗更三年喪不去不忘恩也賤取貴不去不背德也有所受無所歸不去不窮窮也喪婦長女不娶無教戒也世有惡疾不娶棄於天也世有刑人不娶棄於人也亂家女不娶類不正也逆家女不娶廢人倫也無子棄絕世也淫泆棄亂類也不事舅姑棄悖德也口舌棄離親也盜竊棄反義也嫉妬棄亂家也惡疾棄不可奉宗廟也）莒慶來逆叔姬莒慶者何莒大夫也莒無大夫此何以書譏何譏爾大夫越竟逆女非禮也（禮大夫任重爲越竟逆女於政事有所損曠故竟內乃得親迎所以屈私赴公也言叔姬者婦人以字通言叔姬賤故略與歸同文重乖離也）杞伯來朝（杞夏後不稱公者春秋黜杞新周而故宋以春秋當新王黜而不稱侯者方以子貶起伯爲黜說在僖二十三年）公會齊侯于城濮

二十有八年春王三月甲寅齊人伐衛衛人及齊人戰衛人敗績伐不日此何以日（据鄭人伐衛不日）至之日也（用兵之道當先至竟侵責之不服乃伐之今日至便以今日伐之故日以起其暴也）戰不言伐此其言伐何至之日也（至日便伐明暴故舉伐）春秋伐者爲客（伐人者爲客讀伐長言之齊人語也）伐者爲主（見伐者爲主讀伐短言之齊人語也）故使衛主之也（戰序上言及者爲主）曷爲使衛主之（据宋襄公伐齊宋主齊）衛未有罪爾（蓋爲幽之會服）

父喪未終而不至故敗者稱師衛何以不稱師据桓十三年己巳燕人戰敗績稱師也未得乎師也未得成列爲師也詐戰不言戰言戰者衛未有罪方欲使衛主齊見直也不地者因都主國也夏四月丁未邾婁子瑣卒日者附從霸者朝天子行進秋荆伐鄭公會齊人宋人邾婁人救鄭書者善中國能相救冬築微大無麥禾冬既見無麥禾矣曷爲先言築微而後言無麥禾諱以凶年造邑也諱使若造邑而後無麥禾者惡愈也此蓋秋水所傷就築微下俱舉水則嫌冬水推秋無麥禾使若冬水所傷者但言無麥禾則嫌秋自不成不能起秋水因疾莊公行類同故加大明有秋水也此夫人淫泆之所致臧孫辰告糴于齊告糴者何請糴也買穀曰糴何以不稱使据上大無麥禾知以國事行當言如也以爲臧孫辰之私行

也曷爲以臧孫辰之私行据國事也君子之爲國也必有三年之委一年不熟告糴譏也古者三年耕必餘一年之儲九年耕必有三年之積雖遇凶災民不飢乏莊公享國二十八年而無一年之畜危亡切近故諱使若國家不匱大夫自私行糴也二十有九年春新延廄新延廄者何脩舊也舊故也繕故曰新有所增益曰作始造曰築脩舊不書此何以書据新宮災後脩不書譏何譏爾凶年不脩不諱者繕故功費差輕於造邑延廄馬廄也夏鄭人侵許秋有蜚何以書記異也蜚者臭惡之虫也象夫人有臭惡之行言有者南越盛暑所生非中國之所有冬十有二月紀叔姬卒國滅卒者從夫人行待之以初也城諸及防諸君邑防臣邑言及別君臣之義君臣之、

義正則天下定矣
三十年春王正月夏師次于成秋七月齊
人降鄣鄣者何紀之遺邑也降之者何取
之也取之則曷爲不言取之爲桓公諱也
時霸功足以除惡故爲諱言降者能以德見歸自來服者可也外取邑不書此何以
書盡也襄公服紀以過而復盡取其邑惡其不仁之甚也月者重於取邑八月癸亥
葬紀叔姬外夫人不書葬此何以書隱之
也何隱爾其國亡矣徒葬乎叔爾九月庚
午朔日有食之鼓用牲于社是後魯比弒二君狄滅邢衛冬
公及齊侯遇于魯濟齊人伐山戎此齊侯

也其稱人何據下言齊侯來獻戎捷貶曷爲貶據齊侯伐北戎不貶子
司馬子曰蓋以操之爲已蹙矣操迫也已甚也蹙痛也迫殺之
甚痛此蓋戰也何以不言戰據得捷也春秋敵者
言戰桓公之與戎狄驅之爾時桓公力但可驅逐之而已戎亦天
地之所生而乃迫殺之甚痛故去戰貶見其事惡不仁也山戎者戎中之別名行進故錄之
三十有一年春築臺于郎何以書譏何譏
爾臨民之所漱浣也無垢加功曰漱去垢曰浣齊人語也譏者爲瀆下也禮天子外屏諸
侯內屏大夫帷士簾所以防泄慢之漸也禮天子有靈臺以候天地諸侯有時臺以候四時登高遠望人情所樂動而無益於民者
雖樂不爲也四方而高曰臺夏四月薛伯卒卒者薛與滕俱朝隱公桓弒隱而立滕朝桓公薛獨
不朝知去就也築臺于薛何以書譏何譏爾遠也禮諸

侯之觀不過郊六月齊侯來獻戎捷戰所獲物曰捷齊大國也
曷為親來獻戎捷据齊未嘗朝魯威我也以威恐怖魯也如上難知為威
魯書之其威我柰何旗獲而過我也旗軍幟名各有色與金鼓俱舉
使士卒望而為陳者旗獲建旗縣所獲得以過魯也不書威魯者恥不能為齊所忌難見輕侮也言獻捷繫戎者春秋王魯因
見王義古者方伯征伐不道諸侯交格而戰者誅絕其國獻捷於王者楚獻捷時此月者刺齊桓憍慢恃盈非所以就霸功也
秋築臺于秦何以書譏何譏爾臨國也言國者社
稷宗廟朝廷皆為國明皆不當臨也臨社稷宗廟則不敬臨朝廷則泄慢也冬不雨何以書
記異也京房易傳曰旱異者旱久而不害物也斯祿去公室福由下作故陽雖不施而陰道獨行以成萬物
也先是比築三臺慶牙專政之應
三十有二年春城小穀夏宋公齊侯遇于

梁丘秋七月癸巳公子牙卒何以不稱弟
据公弟叔肸卒殺也殺則曷為不言刺之据公子買有罪殺之言刺不言
卒為季子諱殺也曷為為季子諱殺据叔孫得臣卒
不日者惡不發揚公子遂弑也季子之遏惡也遏止不以為國
獄不就獄致其刑故言卒緣季子之心而為之諱季子過在親親
疑於非正故為之諱所以別嫌明疑季子之遏惡奈何莊公病將
死以病召季子召之於陳季子至而授之以國政
至不書者內大夫出與歸不兩書曰寡人即不起此病吾將焉致
乎魯國致與也季子曰般也存君何憂焉公曰
庸得若是乎庸猶傭傭無節目之辭牙謂我曰魯一生

一及君己知之矣父死子繼曰生兄死弟繼曰及言隱公生桓公及今君生慶父亦當及是魯國之常也慶父也存時莊公以爲牙欲立慶父季子曰夫何敢是將爲亂乎夫何敢言夫何敢者反覆思惟且以安病人也孔子曰君子有九思視思明聽思聰色思溫貌思恭言思忠事思敬疑思問忿思難見得思義俄而牙弒械成是時牙實欲自弒君兵械已成但事未行爾有攻守之器曰械季子和藥而飲之乘者酖毒也傳曰酖之是也爾季子亦有械故能飲之傳不具者從可知曰公子從吾言而飲此則必可以無爲天下戮笑必有後乎魯國時但大夫誅不宣揚于當繼體如故不從吾言而不飲此則必爲天下戮笑必無後乎魯國於是從其言而飲之飲之無傫氏至乎王堤而

死公子牙今將爾今將欲殺辭曷爲與親弒者同辭傳序經辭意親親也君親無將將而誅焉親謂父母然則善之與曰然殺世子母弟直稱君者甚之也季子殺母兄何善爾誅不得辟兄君臣之義也以臣事君之義也唯人君然後得申親親之恩然則曷爲不直誅而酖之行誅乎兄隱而逃之使託若以疾死然親親之道也明當以親親原而與之於治亂當賞疑從重於平世當罰疑從輕莊不卒大夫而卒牙者本以當國將弒君書日者録季子遏惡也行誅親親雖酖之猶有恩也八月癸亥公薨于路寢路寢者何正寢也公之正居也天子諸侯皆有三寢一曰高寢二曰路寢三曰小寢父居高寢子居路寢孫從王父母妻從夫寢夫人居小寢在寢地者加

録內也夫人不地者外夫人不卒內書薨已録之矣故出乃地冬十月乙未子般卒

子卒云子卒此其稱子般卒何据子赤不言子赤卒君存稱世子明當世父位為君君薨稱子某緣民臣之心不可一日無君故稱子某明繼父也名者尸柩尚存猶以君前臣名也既葬稱子不名者無所屈也緣終始之義一年不二君故稱子也踰年稱公不可曠年無君子般卒何以不書葬据定以俱稱卒書葬未踰年之君也有子則廟則立廟也廟則書葬録子恩也無子不廟不廟則不書葬未踰年之君禮臣下無服故無子不廟不廟則不書葬示一年不二君也稱卒不地者降成君也日者爲臣子恩録之也殺不去日見隱者降子赤也公子慶父如齊如齊者奔也是時季子新酖牙慶父辭歸獄鄧扈樂猶不自信於季子故出也不言奔者起季子不探其情不暴其罪狄伐邢

春秋公羊卷第三

經五千二百九十二字

注九千八百四十五字

春秋公羊經傳解詁閔公第四

何休學

元年春王正月公何以不言即位繼弑君不言即位復發傳者嫌繼未踰年君義異故也明當隱之如一孰繼據子般弑不見繼子般也孰弑子般慶父也殺公子牙今將爾季子不免慶父弑君何以不誅將而不免遏惡也既而不可及因獄有所歸不探其情而誅焉親親之道也論季子當從議親之辟猶律親親得相首匿當與叔孫得臣有差惡乎歸獄歸獄僕人鄧扈樂曷為歸獄僕人鄧扈樂据師還也莊公存之時樂曾淫于宮中子般執而鞭之莊公死慶父謂樂曰般之辱爾國人莫不知盍弑之矣使弑子般然後誅鄧扈樂而歸獄焉殺鄧扈樂不書者微也季子至而不變也至者聞君弑從家至朝季子知樂勢不能獨弑而不變正其真偽齊人救邢夏六月辛酉葬我君莊公秋八月公及齊侯盟于洛姑時慶父內則素得權重外則出奔彊齊恐為國家禍亂故季子以齊閔之奉閔公託齊桓為此盟下書歸者使與君致同主書者起託君也季子來歸其稱季子何賢據如陳名不稱季辛不稱子也嫌季子不探誅慶父有甚惡故復於託君安國賢之所以輕歸獄顯所當任達其功不稱季友者明齊繼魯本感洛姑之託故令與高子俱稱子起其事其言來歸何據召歸不書隱如言至喜

之也季子來歸則國安故喜之而變至加録云爾蓋與賢相起言歸者主爲喜出言來者起從齊自外來盟不日公不致者桓之盟不日其會不致信之也

冬齊仲孫來齊仲孫者何公子慶父也公子慶父則曷爲謂之齊仲孫繫之齊也曷爲繫之齊据欒盈出奔楚還不繫楚外之也曷爲外之据俱出奔還也春秋爲尊者諱爲閔公諱受賊人也爲親者諱爲季子親親而受之故諱也爲賢者諱以季子有過牙不殺慶父之賢故爲諱之子女子曰以春秋爲春秋以史記氏族爲春秋言古謂史記爲春秋齊無仲孫其諸吾仲孫與齊有高國崔魯有仲孫氏亦足以知魯仲孫言仲孫者以後所氏起其事明主書者賊不宜來因以起上如齊實弑君出奔

二年春王正月齊人遷陽不爲桓公諱者功未足以覆比滅人之惡也

夏五月乙酉吉禘于莊公其言吉何据禘于大廟不言吉言吉者未可以吉也都未可以吉祭經舉重不書禘于大廟嫌獨莊公不當禘于大廟可禘者故加吉明大廟皆不當曷爲未可以吉据三年也未三年也禮禘祫從先君數朝聘從今君數三年喪畢遭禘則禘遭祫則祫三年矣曷爲謂之未三年三年之喪實以二十五月時莊公薨至是適二十二月所以必二十五月者取期再期恩倍漸三年也孔子曰子生三年然後免於父母之懷夫三年之喪天下之通喪禮士虞記曰期而小祥曰薦此常事又期而大祥曰薦此常事中月而禫是月也吉祭猶未配是月者二十七月也傳言二十五月者在二十五月外可不識其言于莊公何据禘于大廟不言周公祫僖公不言僖宮未可以稱宮廟也時閔公以莊公在三年之中未可入大廟禘之于新宮故不稱宮廟明皆非也曷爲未可以稱宮廟据言禘也在三年之中矣當思慕悲哀未可以鬼神事之吉禘

于莊公何以書譏何譏爾譏始不三年也
與託始同義秋八月辛丑公薨公薨何以不地隱
之也何隱爾弒也孰弒之慶父也殺公子
牙今將爾季子不免慶父弒二君何以不
誅將而不免過惡也既而不可及緩追逸
賊親親之道也與不探其情同義不書葬者賊未討九月夫人姜
氏孫于邾婁爲淫二叔殺二嗣子出奔不如文姜于出奔貶之者爲內臣子明其義不得以子絕
母凡公夫人奔例日此月者有罪公子慶父出奔莒慶父弒二君不當復見所以復
見者起季子緩追逸賊也不日者內大夫奔例無罪者日有罪者月外大夫奔例皆時冬齊高子
來盟高子者何齊大夫也以有高傒也何以不稱

使据鄭伯使其弟語來盟我無君也時閔公弒僖公未立故正其義明君臣無相適之道也春秋謹
於別尊卑理嫌疑故絕去使文以起事張例則所謂君不使乎大夫也然則何以不名
据國佐盟名喜之也何喜爾正我也其正我柰何
莊公死子般弒閔公弒比三君死曠年無
君與曠年無君無異設以齊取魯曾不興師徒以言
而已矣設時勢然桓公使高子將南陽之甲南陽齊下邑甲
革皆鎧冑也立僖公而城魯或曰自鹿門至于爭
門者是也或曰自爭門至于吏門者是也
魯人至今以爲美談曰猶望高子也久闊思相見者
引此爲喻美談至今不絕也立僖公城魯不書者諱微弱喜
而加高子者美大齊桓繼絕于魯故尊其使起其功明得子

續父之道十有二月狄入衛鄭棄其師鄭棄其師者何連國者并問稱國惡其將也以言棄師鄭伯惡高克使之將逐而不納棄師之道也鄭伯素惡高克欲去之無由使將師救衛隨後逐之因將師而去其本雖逐高克實棄師之道故不書逐高克舉棄師爲重猶趙盾加弑也不解國者重衆從國體録可知繫閔公篇于莊公下者子未三年無改於父之道傳曰則曷爲於其封内三年稱子縁孝之心則三年不忍當也

春秋公羊卷第四

經六百六十二字
注一千二十八字

春秋公羊經傳解詁僖公第五

何休學

元年，春，王正月。公何以不言即位？據文公言即位 繼弒君，子不言即位。此非子也，其稱子何？[illegible] 臣子一例也。[illegible] 齊師、宋師、曹師次于聶北，救邢。[illegible] 救不言次，此其言次何？[illegible] 不及事也。不及事者何？邢已亡矣。[illegible] 孰亡之？蓋狄滅之。[illegible] 曷為不言狄滅之？[illegible] 為桓公諱也。曷為為桓公諱？[illegible] 上無天子，下無方伯，天下諸侯有相滅亡者，桓公不能救，則桓公恥之。[illegible] 曷為先言次而後言救？[illegible] 君也。[illegible] 君則其稱師何？[illegible] 不與諸侯專封也。[illegible] 曷為不與？[illegible] 實與而文不與。文曷為不與？諸侯之義不得專封也。諸侯之義不得專封，則其曰實與之何？上無天子，下無方伯，天下諸侯有相滅亡者，力能救之，則救之可也。[illegible] 夏，六月，邢遷于陳儀。遷者

何其意也（其意自欲遷時邢創畏狄兵更欲依險阻）遷之者何非其
意也（謂宋人遷宿也書者譏之也王者封諸侯必居土中所以敎化者平貢賦者均在德不在險其後爲衛所
滅是也遷㴱大國月重傾勞也小國時此小國月者霸者所助城故與大國同）齊師宋師曹
師城邢此一事也曷爲復言齊師宋師曹
師（據首戴前目而後凡）不復言師則無以知其爲一事
也（言諸師則嫌與首戴同嫌實師言諸侯則嫌與緣陵同嫌歸聞其遷更與諸侯来城之未必反故人也故順上
文則知桓公宿留城之爲一事也）秋七月戊辰夫人姜氏薨于
夷齊人以歸夷者何齊地也齊地則其言
齊人以歸何（據從國中歸不當書書邾婁人執鄫子不書以歸是也）夫人薨
于夷則齊人以歸（夫人所以薨于夷者齊人以歸至夷）夫人薨

大小三百八廿七二　公羊五　二

于夷則齊人曷爲以歸（據上說夫人薨于夷者齊人以歸至夷也齊人不
曷爲故以歸至于夷）桓公召而縊殺之（先言薨後言以歸而不言喪者起桓公召夫人
于邾婁歸殺之于夷因爲內諱恥使若夫人自薨于夷然後齊人以歸者也主書者從內不絕録因見桓公行霸主
誅不阿親親疾夫人淫泆二叔殺二嗣子而殺之）楚人伐鄭（楚稱人者爲僖公諱與夷狄交婚故
進使若中國又明嫁娶當慕賢者）八月公會齊侯宋公鄭伯曹
伯邾婁人于打（月者危公會霸者而與邾婁有辨也不從有夫人喪出會惡之者不如危
重也）九月公敗邾婁師于纓（有夫人喪不惡親用兵者時怨邾婁人以夫人
與齊於喪事無薄故也）冬十月壬午公子友帥師敗莒
師于犂獲莒挐莒挐者何莒大夫也莒無
大夫此何以書大季子之獲也何大乎季

子之獲（據獲人當坐）季子治內難以正（[illegible]）禦外難
以正其禦外難以正奈何公子慶父弒閔
公走而之莒莒人逐之將由乎齊齊人不
納卻反舍于汶水之上使公子奚斯入請
季子曰公子不可以入入則殺矣（賊義不可而殺見）
奚斯不忍反命于慶父自南涘（涘水涯）北面而
哭（以哭[illegible]）慶父聞之曰嘻（嘻發痛語首之聲）此奚斯
之聲也（[illegible]）諾已曰吾不得入矣於是抗
輈經而死（輈小車轅[illegible]）莒人聞之曰吾已得
子之賊矣以求賂乎魯（[illegible]）魯人不

與為是興師而伐魯（[illegible]）季子待之以偏
戰（不加暴得善季子之道 不傳文爾[illegible]）十有二月丁巳夫人氏
之喪至自齊夫人何以不稱姜氏（[illegible]）
（[illegible]）貶曷為貶與弒
公也（與慶父共弒閔公）然則曷為不於弒焉貶（[illegible]）
貶必於其重者莫重乎其以喪至也（[illegible]）
（常大諱文言自齊者順上以諱文 於殺夫則隨[illegible]）
（王法所加[illegible]）
二年春王正月城楚丘孰城（據月故問之 據自城不）城衛
也曷為不言城衛（據城故當言城衛 據遷文以言[illegible]）滅也孰滅之

蓋狄滅之以上有狄入衛曷爲不言狄滅之爲桓公諱也曷爲爲桓公諱上無天子下無方伯天下諸侯有相滅亡者桓公不能救則桓公恥之也然則孰城之据不出主名見桓公德優不待之又不獨書齊實諸侯也桓公城之曷爲不言桓公城之不與諸侯專封也曷爲不與實與而文不與文曷爲不與諸侯之義不得專封諸侯之義不得專封則其曰實與之何上無天子下無方伯天下諸侯有相滅亡者力能救之則救之可也復發傳者君子樂道人之善也不繫衞者明去衞而國楚丘起其遷也不書遷與救次者深爲桓公

諱使若始時尚倉卒有所救其後晏然無干戈之患所以重其任而厚責之主書者起文從實也夏五月辛巳葬我小君哀姜哀姜者何莊公之夫人也誅當絕不當以夫人之禮書葬書葬者正齊桓討賊辟責內難齊虞師晉師滅夏陽虞微國也曷爲序乎大國之上据稱師有加文知不主會使虞首惡也曷爲使虞首惡据楚人巴人滅庸不使巴首惡虞受賂假滅國者道以取亡焉其受賂奈何獻公朝諸大夫而問焉曰寡人夜者寢而不寐其意也何諸大夫有進對者曰寢不安與其諸侍御有不在側者與獻公不應荀息進曰虞郭見與猶曰虞郭豈見於君之心乎荀息素知獻公欲伐此二國故云爾

獻公揖而進之（以手通指曰揖）遂與之入而謀曰吾
欲攻郭則虞救之攻虞則郭救之如之何
願與子慮之荀息對曰君若用臣之謀則
今日取郭而明日取虞爾君何憂焉獻公
曰然則奈何荀息曰請以屈產之乘（屈產出名馬之地乘備駟也）與垂棘之白璧（垂棘出美玉之地以尚白爲美）往必可
得也則寶出之內藏藏之外府（如虞可得猶外府藏也）
馬出之內廏繫之外廏爾君何喪焉獻公
曰諾雖然宮之奇存焉如之何荀息曰宮
之奇知則知矣（君欲言其知實知也）雖然虞公貪而好
寶見寶必不從其言請終以往於是終以
往虞公見寶許諾宮之奇果諫記曰脣亡
則齒寒（記史記也）虞郭之相救非相爲賜（賜猶惠也）則晉
今日取郭而明日虞從而亡爾君請勿許
也虞公不從其言終假之道以取郭（明郭非虞不滅虞嘗並滅人）
還四年反取虞（還復往故言反）虞公抱寶牽馬
而至荀息見曰臣之謀何如獻公曰子之
謀則已行矣寶則吾寶也雖然吾馬之齒
亦已長矣蓋戲之也（以馬齒長戲之喻荀息之年老傳極道此者以終荀息宮之奇言且以爲戒又惡獻公不仁以滅人爲戲諱也晉至此乃見者著晉楚俱大國後治同姓也以滅人見義者此楚先治大惡親）

疏之別夏陽者何郭之邑也曷爲不繫于郭國之也曷爲國之君存焉爾秋九月齊侯宋公江人黃人盟于貫澤江人黃人者何遠國之辭也桓公德盛不嫌使微者知以遠國辭稱人遠國至矣則中國曷爲獨言齊宋至爾大國言齊宋遠國言江黃則以其餘爲莫敢不至也晉大于宋不序晉而序宋者時實晉楚之君不至君子成人之美故襃益以爲徧至之辭所以獎大霸功而勉盛德也江黃附從霸者當進不進者方爲徧至之辭冬十月不雨何以書記異也說與前同楚人侵鄭

三年春王正月不雨夏四月不雨何以書記異也太平一月不雨即書春秋亂世一月不雨未害物未足爲異當滿一時乃書一月書者時僖公得立欣喜不恤庶衆比致三旱即能退辟正殿飭過求己循省百官放佞臣郭都等理寃獄四百餘人精誠感天不雩而得澍雨故一月即書善其應變改政旱不從上發傳者著人事之備積於是徐人取舒其言取之何据國易滅易也易者猶無守禦之備不爲桓諱者刺其不救也六月雨其言六月雨何据上得雨不書上雨而不甚也所以詳錄賢君精誠之應也僖公飭過求己六月澍雨宣公復古行中其年穀大豐明天人相與報應之際不可不察其意秋齊侯宋公江人黃人會于陽穀此大會也曷爲末言爾末者淺耳但言會不言盟据貫澤言盟桓公曰無障谷無障斷川谷專水利也水注川曰溪注溪曰谷無貯粟有無當相通無易樹子樹立本正辭無易本正當立之子無以妾爲妻此四者皆時人之所患時桓公功德隆盛諸侯咸曰無言不從曷爲用盟哉故告誓而

冬公子友如齊莅盟莅盟者何往盟乎彼
也猶曰往盟於齊莅臨也時因齊都盟主國主名不出者春秋王魯故言莅以見王義使若王者遣使臨諸侯盟飭以
法度其言來盟者何來盟于我也此亦因魯都以見王義使若來
之京師盟白事于王不加莅者來就魯魯已尊矣楚人伐鄭
四年春王正月公會齊侯宋公陳侯衛侯
鄭伯許男曹伯侵蔡蔡潰潰者何下叛上
也國曰潰邑曰叛不與諸侯潰之爲文重出蔡者侵爲加蔡舉潰爲惡蔡録義各異也
月者善義兵也潰例月叛例時遂伐楚次于陘其言次于陘何
據召陵侵楚不言次來盟不言陘有俟也孰俟俟屈完也時楚彊大卒暴
征之則多傷士衆桓公先犯其與國臨蔡蔡潰兵精威行乃推以伐楚楚懼然後使屈完來盟猶臣子之職不頓兵血刃以

文德優柔服之故詳録其上次待之善其重愛民命生事有漸故敏則有功夏許男新臣卒
不言卒於師者桓公師無危不月者爲下盟去月方見大信楚屈完來盟于師盟
于召陵屈完者何楚大夫也何以不稱使
據陳侯使袁僑如會尊屈完也曷爲尊屈完據陳侯使袁僑如會不尊之以
當桓公也增倍使若得其君以醇霸德成王事也其言盟于師盟
于召陵何據戊寅叔孫豹及諸侯之大夫及陳袁僑盟不舉會與地師在召陵
也時喜得屈完來服於陘則退次召陵與之盟故言盟于師盟于召陵師在召陵則曷
爲再言盟據齊侯使國佐如師己酉及國佐盟于袁婁俱從地不再言盟喜服楚也
孔子曰書之重辭之復嗚呼不可不察其中必有美者焉何言乎喜服楚據服蔡無喜文
楚有王者則後服桓公行霸至是乃服楚無王者則先

叛桓公不脩其師先叛盟是也夷狄也而亟病中國數侵滅中國南
夷與北夷交南夷謂楚滅鄧穀伐蔡鄭北夷謂狄滅邢衞至于温交亂中國中國不
絕若綫綫縫帛縷以喻微也桓公救中國有邢衞是也而攘夷
狄攘却也北伐山戎是也卒怗荊卒盡也怗服也荊楚也以此爲王者之
事也言桓公先治其國以及諸夏治諸夏以及夷狄如王者爲之故云爾其言來何据陳袁僑
如會不言來與桓爲主也以從内文知與桓公爲天下霸主前此者有
事矣謂城邢衞是也後此者有事矣謂城緣陵是也則曷爲獨
於此焉與桓公爲主序績也序次也績功也累次桓公之功德莫
大於服楚明德及彊夷最爲盛齊人執陳袁濤塗之罪何
辟軍之道也其辟軍之道柰何濤塗謂桓

公曰君既服南夷矣何不還師濱海而東
服東夷且歸濱涯也順海涯而東也東夷吳也從召陵東歸不經陳而趨近海道多廣澤水草軍
所便也桓公曰諾於是還師濱海而東大陷于
沛澤之中草棘曰沛漸洳曰澤顧而執濤塗時濤塗與桓公俱行執
者曷爲或稱侯或稱人稱侯而執者伯討
也言有罪方伯所宜討稱人而執者非伯討也此執有
罪何以不得爲伯討古者周公東征則西
國怨西征則東國怨此道黜陟之時也詩云周公東征四國是皇桓公
假塗于陳而伐楚則陳人不欲其反由己
者師不正故也故令濤塗有此言不脩其師而執濤

塗古人之討則不然也以己所招而反執人古人所不爲也凡書執者惡其專執
秋及江人黃人伐陳八月公至自伐楚楚
已服矣何以致伐楚叛盟也爲桓公不脩其師而執濤塗故也月
者凡公出滿二時月危公之久葬許繆公得卒葬於所傳聞世者許大小次曹故卒少在曹後冬
十有二月公孫慈帥師會齊人宋人衛人
鄭人許人曹人侵陳月者刺桓公不脩其師因見患誰不内自責乃復加人以罪
五年春晉侯殺其世子申生曷爲直稱晉
侯以殺據鄭殺其大夫申侯稱國也續問以殺者問殺所稱例爾非謂晉侯不當稱國爵也殺世
子母弟直稱君者甚之也甚之者甚惡殺親親也春秋公子貫於先君唯
世子與母弟以今君録親親也今舍國體直稱君知以親親責之杞伯姬來朝其子

其言來朝其子何據微者不當書朝連來者内辭也與其子來者問爲直來乎爲下朝
出内辭也與其子俱來朝也因其與子俱來禮外孫初冠有朝外祖之
道故使若來朝其子以殺直來之恥所以辟教戒之不明也微無君命言朝者明非實夏公孫慈如
牟公及齊侯宋公陳侯衛侯鄭伯許男曹
伯會王世子于首戴曷爲殊會王世子據宰周公
不殊別也世子貴也世子猶世世子也解貴意也言當世父位儲君副
主不可以諸侯會之爲文故殊之使若諸侯爲出子所會也自王者言之以屈遠世子在三公下禮喪服斬衰曰公士大夫之
衆臣是也自諸侯言之世子尊於三公此禮之威儀各有所施言及者因其文可得見汲汲也世子所以會者時桓公德衰諸
侯背叛故上假王世子示以公義秋八月諸侯盟于首戴諸侯何
以不序據上會序一事而再見者前目而後凡也

省文從可知間無事不省諸侯會盟一事不舉重者時世子不與盟鄭伯逃歸不盟其言逃歸不盟者何据上言諸侯鄭伯在其中弟子疑故執不知問不可使盟也時鄭伯內欲與楚外依古不盟爲解安居會上不肯從桓公盟故後言不盟不可使盟則其言逃歸何据後言不盟居會上辭魯子曰蓋不以寡犯衆也諸侯以義相約而鄭伯懷二心依古不肯盟故言逃歸所以抑一人之惡申衆人之善故云爾

楚人滅弦弦子奔黃九月戊申朔日有食之此象齊桓德衰是後楚遂背叛狄伐晉滅溫晉里克比弒其二君冬晉人執虞公虞已滅矣其言執之何据滅言以歸上傳云四年反取虞虞知夫滅變以歸言執不與滅也曷爲不與滅滅者亡國之善辭也言滅者王者起當存之故爲善辭滅者上下之同力者也言滅者臣子與君戮力一心共死之辭也不但去滅復去以歸言執者明虞公滅人以自亡當絶不得責不死位也晉稱人者本滅而執之不以王法執治之故從執無罪辭也虞稱公者奪正爵起從滅也不從滅例月者略之

六年春王正月夏公會齊侯宋公陳侯衛侯曹伯伐鄭圍新城邑不言圍此其言圍何彊也惡桓公行霸彊而無義也鄭背叛本由桓公過陳不以道理當先脩文德以來之而便伐之彊非所以附疏秋楚人圍許諸侯遂救許冬公至自伐鄭事遷於救許以伐鄭致者舉不得意

七年春齊人伐鄭夏小邾婁子來朝至是所以進稱爵者時附從霸者朝天子旁朝罷行進齊桓公白天子進之固因其得禮著其能以爵通鄭殺其大夫申侯其稱國以殺何据晉侯殺其世子申生稱侯稱國以

殺者君殺大夫之辭也諸侯國體以大夫爲股肱士民爲肌膚故以國體錄
秋七月公會齊侯宋公陳世子款鄭世子
華盟于甯毋曹伯般卒公子友如齊冬葬
曹昭公
八年春王正月公會王人齊侯宋公衛侯
許男曹伯陳世子款鄭世子華盟于洮王
人者何微者也曷爲序乎諸侯之上先王
命也銜王命會諸侯諸侯當北面受之故尊序於上時桓公德衰甯毋之盟當會者不至而陳鄭又遣世子故上假
王人之重以自助鄭伯乞盟乞盟者何處其所而請與
也以不序也其處其所而請與奈何蓋酌之也酌挹也時
鄭伯欲與楚不肯自來盟處其國遣使挹取其血而請與之約束無汲汲慕中國之心故抑之使若叩頭乞盟者也不錄使者
方抑鄭伯使若自來也不盟不爲大惡者古者不盟也夏狄伐晉秋七月禘

于大廟用致夫人用者何用者不宜用也
致者何致者不宜致也禘用致夫人非禮
也以致文在廟下不使入廟知非禮也禮夫人始見廟當特祭而因禘諸公廟見欲以省煩勞不謹敬故譏之不日者
下用失禮明夫人何以不稱姜氏貶曷爲貶據夫人姜氏入
不貶譏以妾爲妻也以造不書入廟當蘇婦姜而稱夫人者夫人當坐篡嫡也妾之事嫡猶臣之事
君同其言以妾爲妻奈何蓋脅于齊媵女之先
至者也以不致楚女及夫人至皆不書也僖公本聘楚女爲嫡齊女爲媵齊先致其女脅僖公使用爲嫡故
從父母辭言致不書夫人及楚女至者起齊先致其女然後脅魯立也楚女未至而豫廢故皆不得以夫人至書也冬十

有二月丁未天王崩惠王也
九年春王三月丁丑宋公禦說卒何以不
書葬爲襄公諱也襄公背殯出會宰周公有不子之惡後有征齊憂中國尊周室之心
功足以除惡故諱不書葬使若非背殯也夏公會宰周公齊侯宋子
衛侯鄭伯許男曹伯于葵丘宰周公者何
天子之爲政者也宰猶治也三公之職號尊名也以加宰知其職大尊重當與天子參
聽萬機而下爲諸侯所會惡不勝其任也宋未葬不稱子某者出會諸侯非尸柩之前故不名秋七月乙
酉伯姬卒此未適人何以卒據杞叔姬不卒許嫁矣
婦人許嫁字而笄之字者尊而不泄所以遠別也笄者簪也所以繫持髮象男子飾
也服此者明繫屬於人所以養貞一也婚禮曰女子許嫁笄而醴之稱字死則以成人之喪
治之不以殤禮降也許嫁卒者當爲諸侯夫人有即貴之漸猶此卒也日者恩尤重於未命大夫故從諸侯夫人例

九月戊辰諸侯盟于葵丘桓之盟不日此
何以日危之也何危爾貫澤之會桓公有
憂中國之心不召而至者江人黃人也葵
丘之會桓公震而矜之叛者九國下代厲善義兵是也會不
書者叛也叛不書者爲天子親遣三公會之而見叛故上爲天子下爲桓公諱也會盟一事不舉重者時宰周公不與盟震
之者何猶曰振振然亢陽之貌矜之者何猶曰莫
若我也色自美大之貌甲戌晉侯詭諸卒不書葬者殺世子也冬晉
里克弒其君之子奚齊此未踰年之君其
言弒其君之子奚齊何據弒其君舍不連先君連名者上不書葬子某弒君名未

明也
弑未踰年君之號也欲言弑其子奚齊嫌無君文與殺大夫同欲言弑其
君又嫌與弑成君同故引先君冠子之上則弑未踰年君之號定而坐之輕重見矣加之者起先君之子不解名者解言
殺從弑名可知也弑未踰年君例當月不月者不正遇禍終始惡明故略之
十年春王正月公如齊書如者録内所與外交接也故如京師善則月榮之如齊
晉善則月安之如楚則月危之明當尊賢慕大無友不如己者月者僖公本齊所立桓公德衰見叛獨能念恩朝事之故善録
之狄滅温温子奔衛晉里克弑其君卓子及
其大夫荀息及者何累也弑君多矣舍此
無累者乎曰有孔父仇牧皆累也舍孔父
仇牧無累者乎曰有有則此何以書賢也
何賢乎荀息據與孔父同荀息可謂不食其言矣

不食言者不如食受之而消亡之以奚齊卓子皆立其不食其言柰何奚齊
卓子者驪姬之子也荀息傅焉禮諸侯之子八歲受之少傅教之以小學業小道焉履小節焉十五受大傅教之以大學業大道焉履大節焉驪姬者國色也其顏色一國之選
獻公愛之甚欲立其子於是殺世
子申生申生者里克傅之獻公病將死謂
荀息曰士何如則可謂之信矣獻公自知廢正當有後患欲託二子於荀息故動之云爾
荀息對曰使死者反生生者不愧乎
其言則可謂信矣荀息察言觀色知獻公欲為奚齊卓子來動己故荅之云爾
獻
公死奚齊立里克謂荀息曰君殺正而立
不正廢長而立幼長謂重耳如之何願與子慮之

荀息曰君嘗訊臣矣上問下曰訊言臣者明君臣相與言不可負臣對曰使死者反生生者不愧乎其言則可謂信矣里克知其不可與謀退弒奚齊荀息立卓子里克弒卓子荀息死之荀息可謂不食其言矣起時莫不背死鄉生去敗與成荀息一受君命終身死之故言及與孔父同義不日者不正遇禍終始惡明故畧之夏齊侯許男伐北戎晉殺其大夫里克里克弒二君則曷爲不以討賊之辭言之據衛人殺州吁惠公之大夫也惠公篡立已定晉國君臣合爲一體無所復責故曰此乃惠公之大夫安得以討賊之辭言之然則孰立惠公欲難殺之意曰里克也里克弒奚齊卓子逆惠公而

入里克立惠公則惠公曷爲殺之惠公曰爾既殺夫二孺子矣孺子小子也奚齊卓子時皆幼小又將圖寡人如我有不可將復圖我如二孺子爲爾君者不亦病乎於是殺之然則曷爲不言惠公之入據齊小白入於齊晉之不言出入者踊爲文公諱也踊豫也齊人語若關西言渾矣獻公殺申生篡文公與惠公恐見及出奔不子當絕還入爲篡文公功足以并掩前人之惡惠公入懷公出文公入渾皆不書悉爲文公諱故也爲文公諱者欲明文公之功大也語在下懷公者惠公子也惠公卒懷公立而秦納文公故出奔惠公文公出奔不書者非命嗣也齊小白入于齊則曷爲不爲桓公諱桓公之享國也長享食美見乎天下故不爲之諱本惡也文公之享國也短美未見乎天下故

爲之諱本惡也桓公功大善惡相除足封有餘較然爲天下所知文公功少雖未足除身篡而有封功故爲之諱并不言惠公懷公出入者明非徒足以除身篡而已有足封之明較也美不如桓公之功大秋七月冬大雨雹何以書記異也夫人專愛之所生也

十有一年春晉殺其大夫丕鄭父夏公及夫人姜氏會齊侯于陽穀秋八月大雩公與夫人出會不恤民之應冬楚人伐黃

十有二年春王三月庚午日有食之是後楚滅黃狄侵衛夏楚人滅黃秋七月冬十有二月丁丑陳侯處臼卒

十有三年春狄侵衛夏四月葬陳宣公公會齊侯宋公陳侯衛侯鄭伯許男曹伯于鹹桓公自貫澤陽穀之會後所以不復舉小國者從一法之後小國言從令行大國唯曹許以上乃會秋九月大雩先陽穀之會不恤民復會鹹城緣陵煩擾之應冬公子友如齊

十有四年春諸侯城緣陵孰城之諸侯不序故問誰城城杞也曷爲城杞滅也孰滅之蓋徐莒脅之以下皆然徐也言脅者杞王者之後尤微是見恐曷而亡曷爲不言徐莒脅之爲桓公諱也曷爲爲桓公諱上無天子下無方伯天下諸侯有相滅亡者桓公不能救則桓公恥之也然則孰城之桓公城之曷爲不言桓公城之不與諸侯專封也曷爲不與實與而文不與文曷爲不與諸侯

之義不得專封也諸侯之義不得專封則其曰實與之何上無天子下無方伯天下諸侯有相滅亡者力能救之則救之可也輒發傳者與城緣同義言諸侯者時桓公德衰待諸侯然後乃能存之城不月者文言諸侯非內城明矣夏六月季姬及鄫子遇于防使鄫子來朝鄫子曷爲使乎季姬來朝据使者臣爲君銜命文也內辭也非使來朝使來請己也使來請娶己以爲夫人下書歸是也禮男不親求女不親許魯不防正其女乃使要遮鄫子淫泆使來請己與禽獸無異故卑鄫子使乎季姬以絕賤之也月者甚惡內也矣秋八月辛卯沙鹿崩沙鹿者何河上之邑也此邑也其言崩何据梁山言崩襲邑也襲者黑陷入于地中言崩者以在河

上也河岸有高下如山有地矣故得言崩也沙鹿崩何以書記異也外異不書此何以書据長狄之齊晉不書爲天下記異也土地者民之主霸者之象也河者陰之精爲下所襲者此象天下異齊桓將卒霸道毀夷狄動宋襄承其業爲楚所敗之應而不繫國者起天下異狄侵鄭冬蔡侯肸卒不書葬者潰當絕也不月者賤其背中國而附父讎故略之甚也肸立不書者父獻舞見獲留卒於楚肸以次立非篡也

十有五年春王正月公如齊月者善公既能念恩尊事齊桓又合古五年一朝之義故録之楚人伐徐三月公會齊侯宋公陳侯衛侯鄭伯許男曹伯盟于牡丘遂次于匡公孫敖率師及諸侯之大夫救徐言次者刺諸侯緩於人恩既約救徐而生事止次不自往遣大夫往卒不能解也大夫不序者起會上大夫君已目故臣凡也內獨出名氏者

臣不得因君殊尊，省文別尊卑也）

夏五月，日有食之。（是後秦獲晉侯，齊桓公卒，楚執宋公，霸道衰，中國微弱之應）

秋七月，齊師曹師伐厲。（月者，善錄義兵。厲，葵丘之會叛天子之命也。曹稱師者，猶公霸道衰，曹獨能從之征伐不義，故褒之，所以勸勉不能扶助霸功、激揚解惰也）

八月，螺。（公久出煩擾之所生）

九月，公至自會。桓公之會不致，此何以致？（据桓之會不致）久也。（久暴師衆，過三時）

季姬歸于鄫。己卯晦，震夷伯之廟。晦者何？冥也。（晝日而冥）震之者何？雷電擊夷伯之廟者也。夷伯者曷為者也？季氏之孚也。（孚，信也。季氏所信任臣）季氏之孚則微者，其稱夷伯何？大之也。曷為大之？（据陽虎稱盜）天戒之，故大之也。（明此非但為微者異，乃公家之至戒，故尊大之，使稱字，過于大夫，以起之，所以畏天命。孔子曰：君子有三畏：畏天命，畏大人，畏聖人之言）何以書？記異也。（此象桓公德衰，彊楚以邪勝正；僖公蔽於季氏，季氏蔽於陪臣，陪臣見信得權，僭立大夫廟。天意若曰：蔽公室者是人也，當去之）

冬，宋人伐曹。楚人敗徐于婁林。（謂之徐者，為滅杞，不知尊先聖法度，惡重，故狄之也。不月者，略兩夷狄也）

十有一月壬戌，晉侯及秦伯戰于韓，獲晉侯。此偏戰也，何以不言師敗績？（据泓之戰言宋師敗績）君獲不言師敗績也。（舉君獲為重也。釋不書者，以獲君為惡；書者，以惡見獲。與獲人君者皆當絕也。主書者，從獲人例）

十有六年春王正月戊申朔，霣石于宋五。是月，六鷁退飛過宋都。曷為先言霣而後言石？（据星霣後言霣）霣石記聞，聞其磌然，視之則石

察之則五是月者何僅逮是月也是月邊也魯人語也在正月之幾盡故曰劣及是月也何以不日據五石言日晦日也凡災異晦日不日日食是也日食常於晦朔不日晦可知也六鷁無常故言是月以起晦也晦則何以不言晦據上言朔春秋不書晦也事當日者日平居無他卓佹無所求取言晦朔也趡盟奚戰是也朔有事則書重始故書以録事泓之戰及此皆是也晦雖有事不書重始而終自正故不復書以録事曷為先言六而後言鷁據霣石後言五六鷁退飛記見也視之則六察之則鷁徐而察之則退飛鷁小而飛高故視之如此事勢然也宋都者宋國所治也人所聚曰都言過宋都者時獨過宋都退飛五石六鷁何以書記異也外異不書此何以書為王者之後記異也王者之後有亡徵非新王安存之象故重録為戒記災異也石者陰德之專者也鷁者鳥中之耿介者皆有似宋襄公之行襄欲行霸事不納公子目夷之謀事事耿介自用幸以五年見執六年終敗如五石六鷁之數天之與人昭昭著明甚可畏也於晦朔者示其立功善甫始而敗將不克終故詳録天意也三月壬申公子季友卒其稱季友何據犨戰名不稱季來歸不稱友賢也閔公不書葬故復於卒賢之明季子嘗黨討慶父之功還存國終當録也不稱子者上歸本當稱字起事言子夏四月丙申鄫季姬卒秋七月甲子公孫慈卒日者僖公賢君宜有恩禮於大夫故皆日也一年喪骨肉三人故日痛之冬十有二月公會齊侯宋公陳侯衛侯鄭伯許男邢侯曹伯于淮月者危桓公德衰任豎刁易牙嘗功滅項自此始也

十有七年春齊人徐人伐英氏稱氏者春秋前黜稱氏也伐國而含氏言之者非主名故伐之得從國舉夏滅項孰滅之齊滅之以言滅知非内

也以不諱知齊滅曷為不言齊滅之據齊師滅譚為桓公諱也春秋為賢者諱此滅人之國何賢爾君子之惡惡也疾始絕其始則不得終其惡善善也樂終樂賢者終其行桓公嘗有繼絕立僖公也存亡之功存邢衛杞故君子為之諱也言嘗者時桓公德衰功廢而滅人嫌當坐故上述所嘗盛美而為之諱所以尊其德彰其功傳不言服楚獨舉繼絕存亡者明繼絕存亡足以除殺子糾滅譚遂項覆終身之惡服楚功在覆冥惡之表所以封桓公各當如其事也不月者桓公不坐滅略小國秋夫人姜氏會齊侯于卞九月公至自會冬十有二月乙亥齊侯小白卒

十有八年春王正月宋公會曹伯衛人邾婁人伐齊月者與襄公之征齊善以義兵夏師救齊五月戊寅宋師及齊師戰于甗齊師敗績戰不言伐此其言伐何宋公與伐而不與戰故言伐春秋伐者為客伐者為主曷為不使齊主之據甲寅衛人及齊人戰與襄公之征齊也曷為與襄公之征齊據齊桓公霸者猶不與征衛桓公死豎刀易牙爭權不葬為是故伐之也不為文實者保伍連率本有用兵征伐不義之道狄救齊秋八月丁亥葬齊桓公冬邢人狄人伐衛狄稱人者善能救齊雖拒義兵猶有憂中國之心故進之不於救時進之者辟襄公不使義兵壅塞

十有九年春王三月宋人執滕子嬰齊名者著葵丘之會叛天子命者也不得為伯討者不以其罪執之妄執之所以著有罪者為襄公殺恥也襄公有善志欲承齊桓之

業執一惡人不能得其過故爲見其罪所以助賢者養善意也月者録責之夏六月宋人曹
人邾婁人盟于曹南因本會于曹南盟故以地實邾婁說在下鄫子
會盟于邾婁其言會盟何据外諸侯會盟不録及曹伯襄言會諸侯
後會也說與會伐宋同義君不會大夫惡後會者起實君也地以邾婁者起爲邾婁事也不言君者爲襄公
諱也魯本許嫁季姬於邾婁季姬淫泆使鄫子請己而許之二國交忿襄公爲此盟欲和解之旣在人閒反爲邾婁所欺執用
鄫子恥辱加於宋無異故沒襄公使若微者也不於上地以邾婁者深爲襄公諱使若不爲邾婁事盟而鄫子自就邾婁爲所
執者也上盟不日者深順諱文從微者例使若下執不以上盟爲辨也會盟不日者言會盟不信已明無取於日自其正文也
己酉邾婁人執鄫子用之惡乎用之用之
社也其用之社奈何蓋叩其鼻以血社也
惡無道也不言社者本無用人之道言用之已重矣故絕其所用處也日者魯不能防正其女以至於此明當痛其女禍而自

責之秋宋人圍曹衛人伐邾冬公會陳人蔡人
楚人鄭人盟于齊因宋征齊有隙爲此盟也是後楚遂得中國霸之會執宋公梁
亡此未有伐者其言梁亡何据蔡潰以自潰爲文舉侵也自
亡也其目亡奈何魚爛而亡也梁君隆刑峻法一家犯罪四家
坐之一國之中無不被刑者百姓一旦相率俱去狀若魚爛魚爛從內發故云爾著其自亡者明百姓得去之君當絕者
二十年春新作南門何以書譏何譏爾門
有古常也惡奢泰不奉古制常法夏邾婁子來朝邾婁子者
何未有存文嫌不名故執不知問失地之君也何以不名据鄧穀名兄
弟辭也邾婁魯之同姓故不忍言其絕賤明當與鄧穀之異於書者喜內見歸五月乙巳
西宮災西宮者何小寢也小寢則曷爲謂

之西宮有西宮則有東宮矣魯子曰以有
西宮亦知諸侯之有三宮也西宮者小寢內室楚女所居也禮諸
侯娶三國女以楚女居西宮知二國女於小寢內各有一宮也故云爾禮夫人居中宮少在前右媵居西宮左媵居東宮少在
後西宮災何以書記災也是時僖公爲齊所脅以齊媵爲嫡楚女廢在西宮而不見
恤悲愁怨曠之所生也言西宮不繫不小寢者小寢夫人所統妾之所繫也天意若曰楚女本當爲夫人不當繫於齊女故經亦
去爾鄭人入滑秋齊人狄人盟于邢狄稱人者能常與中國也
冬楚人伐隨叛楚故也
二十有一年春狄侵衛與狄者爲信中國諱宋人齊人
楚人盟于鹿上夏大旱何以書記災也新作南門
之所生秋宋公楚子陳侯蔡侯鄭伯許男曹伯

會于霍執宋公以伐宋孰執之楚子執之
以下獻捷貶曷爲不言楚子執之於溴梁盟下執莒子邾婁子復出晉人也
不與夷狄之執中國也以舉執爲重復舉伐者劫[illegible]公去侯求其國事當起也
不爲襄公諱者守信見執無恥諱在下也冬公伐邾婁楚人使宜申來
獻捷此楚子也其稱人何據爾使知楚子貶曷爲貶
據齊侯獻戎捷不貶爲執宋公貶曷爲爲執宋公貶據上已没
不與執中國宋公與楚子期以乘車之會蓋鹿上之盟公
子目夷諫曰楚夷國也彊而無義請君以
兵車之會往宋公曰不可吾與之約以乘
車之會自我爲之自我墮之曰不可終以

乘車之會往楚人果伏兵車執宋公以伐宋詐諼劫質諸侯求其國當絕故貶宋公謂公子目夷曰子歸守國矣國子之國也吾不從子之言以至乎此公子目夷復曰君雖不言國國固臣之國也所以慰宋公意絕彊楚之望於是歸設守械而守國楚人謂宋人曰子不與我國吾將殺子君矣宋人應之曰吾賴社稷之神靈吾國已有君矣楚人知雖殺宋公猶不得宋國於是釋宋公宋公釋乎執走之衞襄公本謂公子目夷曰國子之國也宋公愧前語故慙不忍反走之衞不書者執解而往非出奔也公子目夷復曰國

爲君守之君曷爲不入然後逆襄公歸凡出奔歸書執獲歸不書者出奔已失國故録還應盜國與執獲者異臣下尚隨君事之未失國不應盜國無爲録也惡乎捷捷乎宋以上言伐宋曷爲不言捷乎宋据戎捷也爲襄公諱也襄公本會楚欲行霸憂中國也不用目夷之言而見詐執伐宋幾亡其國故諱爲没國文所以申善志不月者因起其事此圍辭也曷爲不言其圍据上言守國知圍也爲公子目夷諱也目夷遭難設權救君有解圍存國免主之功故爲諱圍起其事所以彰目夷之賢也歸捷書者剌魯受惡人物也十有二月癸丑公會諸侯盟于薄言諸侯者起霍之會諸侯也不序者起公從旁以議釋宋公會盟一事也言會者因以殊諸侯也釋宋公執未有言釋之者此其言釋之何据執滕子不言釋公與爲爾也公與爲爾柰何公與議爾也

善僖公能與楚議釋賢者之厄不言公釋之者諸侯亦有力也

二十有二年春公伐邾婁取須朐夏宋公衛侯許男滕子伐鄭秋八月丁未及邾婁人戰于升陘冬十有一月己巳朔宋公及楚人戰于泓宋師敗績偏戰者日爾此其言朔何〔据奚之戰不言朔〕春秋辭繁而不殺者正也〔繁多也殺省也正得正道尤美〕何正爾宋公與楚人期戰于泓之陽〔泓水名水北曰陽〕楚人濟泓而來〔濟渡〕有司復曰請迨其未畢濟而擊之〔迨及〕宋公曰不可吾聞之也君子不厄人吾雖喪國之餘〔我雖前幾爲楚所喪所以得其餘民以爲國喻褊弱〕寡人不忍行也既濟未畢陳有司復曰請迨其未畢陳而擊之宋公曰不可吾聞之也君子不鼓不成列〔軍法以鼓戰以金止不鼓不戰不成列未成陳也君子不戰未成陳之師〕已陳然後襄公鼓之宋師大敗故君子大其不鼓不成列臨大事而不忘大禮有君而無臣〔言朔亦所以起有君而無臣惜其有王德而無王佐也若襄公所行帝王之兵也有帝王之君宜有帝王之臣有帝王之臣宜有帝王之民未能醇粹而守其禮所以敗也〕以爲雖文王之戰亦不過此也〔有似文王伐崇陸戰當舉地舉水者大其不以水厄人也〕

二十有三年春齊侯伐宋圍緡邑不言圍

此其言圍何疾重故也疾痛也重故喻若重故創矣襄公欲行霸守正履信屬爲楚所敗諸夏之君宜雜然助之反因其困而伐之痛與重故創無異故言圍以惡其不仁也夏五月庚寅宋公慈父卒何以不書葬盈乎諱也盈滿也相接足之辭也襄公本以背殯不書其父葬至襄公身書葬則嫌霸業不成所覆者薄故復使身不書葬明當以前諱除背殯以後諱加微封內娶不去日略之者功覆之也秋楚人伐陳冬十有一月杞子卒卒者桓公存王者後功尤美故爲表異卒錄之始見稱伯卒獨稱子者微弱爲徐莒所脅不能死位春秋伯子男一也辭無所貶貶稱子者春秋黜杞不明故以其一等貶之明本非伯乃公也又因以見聖人子孫有誅無絕故貶不失爵也不名不日不書葬者從小國例也

二十有四年春王正月夏狄伐鄭秋七月冬天王出居于鄭王者無外此其言出何据王子瑕奔晉不言出不能乎母也不能事母罪莫大於不孝故絕之言出也下無發上之義得絕之者明母得廢之臣下得從母命魯子曰是王也不能乎母者其諸此之謂與猶曰是王也無絕義不能事母而見絕外者其諸謂此灼然異居不復供養者與主書者錄王者所居也晉侯夷吾卒篡故不書葬明當絕也不日月者失衆身死子見篡逐故略之猶薛伯定也

二十有五年春王正月丙午衛侯燬滅邢衛侯燬何以名据楚子滅蕭不名絕曷爲絕之据俱滅人滅同姓也絕先祖支體尤重故名甚之也日者爲魯憂內錄之夏四月癸酉衛侯燬卒宋蕩伯姬來逆婦宋蕩伯姬者何蕩氏之母也蕩氏宋世大夫其言來逆婦何据莒慶言逆叔姬連

(來者嫌內女爲殺直來也)兄弟辭也其稱婦何有姑之辭也(宋魯之間名結婚姻爲兄弟稱婦者見姑之辭以逆實文知不殺直來也主書者無出道也)宋殺其大夫何以不名(据宋殺其大夫山名)宋三世無大夫三世內娶也(三世謂慈父王臣處臼也內娶大夫女也言無大夫者禮不臣妻之父母國內皆臣無娶道故絶去大夫名正其義也外小惡正之者宋以內娶故公族以弱妃黨益彊威權下流政分三門卒生篡弒親親出奔疾其末故正其本)

秋楚人圍陳納頓子于頓何以不言遂(据楚子鄭人侵陳遂侵宋)兩之也(微者不別遂但別兩耳別之者惡國家不重民命一出兵爲兩事也納頓子書者前出奔當絶還入爲盜國當誅書楚納之與之同罪也主書者從楚納之頓子出奔不書者小國例也不見挈者故君不可見挈於臣)葬衛文公(不月者滅同姓故奪臣子恩也)冬十有二月癸亥公會衛子莒慶盟于洮(莒無大夫書莒慶者尊敬壻之義也洮內地公與未

踰年君大夫盟不別得意雖在外猶不致也)

二十有六年春王正月己未公會莒子衛甯遬盟于向齊人侵我西鄙公追齊師至嶲弗及其言至嶲弗及何(据公追戎于濟西不言所至又不言弗及)侈也(侈猶大也大公能却彊齊之兵弗者不之深者也言齊人畏公士卒精猛引師而去之深遠不可得及故曰侈不直言大之者自爲追唯臣子得襃之耳不得與追戎同也言師者侈大公所追也國內兵不書而舉地者善公齊師去則止不遠勞百姓過復取勝得用兵之節故詳録之)夏齊人伐我北鄙衛人伐齊公子遂如楚乞師乞者何卑辭也曷爲以外內同若辭(据春秋尊魯)重師也(外內皆同卑其辭者深爲與人者重之)曷爲重師(据泓之戰不重師)師出不正反戰不正勝

也不正者不正自謂出當復反戰當必勝兵凶器戰危事不得已而用之爾乃以假人故重而不暇別外內也稱師者
正所乞名也乞師例時秋楚人滅隗以隗子歸不月者略夷狄滅微國也
不言獲者舉滅爲重書以歸者惡不死位不名者所傳聞世見治始起責小國略但絶不誅之冬楚人
伐宋圍緡邑不言圍此其言圍何刺道用
師也時以師與魯未至又道用之於是惡其視百姓之命若草本不仁之甚也稱人者楚未有大夫未得稱師楚自
道用之故從楚文公以楚師伐齊取穀言以者行公意別魯兵也稱師者順
上文公至自伐齊此已取穀矣何以致伐據伐邾婁
取叢不致未得乎取穀也未可謂得意於取穀曷爲未得乎取
穀據俱取邑曰患之起必自此始也魯內虛而外乞師以犯彊齊會齊侯
沼卒晉文行霸幸而得免孔子曰人之生也直罔之生也幸而免故雖得意猶致伐也

二十有七年春杞子來朝貶稱子者起其無禮不備故魯入之夏
六月庚寅齊侯昭卒秋八月乙未葬齊孝
公乙巳公子遂帥師入杞日者杞屬脩禮朝魯雖無禮君子躬自厚而薄
責於人不當乃入之故錄責之冬楚人陳侯蔡侯鄭伯許男圍
宋此楚子也其稱人何據序諸侯之上貶曷爲貶據圍
鄭不貶爲執宋公貶故終僖之篇貶也古者諸侯有難王者
若方伯和平之後相犯復故罪楚前執宋公僖公與共議釋之今復圍犯宋故貶因以見義終僖之篇貶者言君子和平
人當終身保也十有二月甲戌公會諸侯盟于宋地以
宋者起公解宋圍爲此盟也宋得與盟則宋解可知也而公釋之見矣
二十有八年春晉侯侵曹晉侯伐衛曷爲

再言晉侯據楚人圍陳納頓子于頓亦兩事不再出楚人非兩之也然則何以不言遂據侵蔡遂伐楚言遂未侵曹也未侵曹則其言侵曹何致其意也其意侵曹則曷爲伐衛晉侯將侵曹假塗于衛衛曰不可得則固將伐之也曹有罪晉文行霸征之衛壅遏不得使義兵以時進故著言侵曹以致其意所以通賢者之心不使壅塞也宋襄公伐齊月此不月者晉文公功信未著且嘗脩文德未當深求於諸侯故不美也公子買戍衛不卒戍刺之不卒戍者何不卒戍者內辭也不可使往也即往當言戍衛不卒不可使往則其言戍衛何據言戍衛行文遂公意也使臣子不可使恥深故諱使若往不卒竟者明臣不得壅塞君命刺之者何殺之也殺之則曷爲謂之刺之內諱殺大夫謂之刺之也有罪無罪皆不得專殺故諱殺言刺之不言刺公子買但言不卒戍刺之者起爲上事刺之也內殺大夫例有罪不日無罪日外殺大夫皆時楚人救衛三月丙午晉侯入曹執曹伯畀宋人畀者何與也其言畀宋人何據下執衛侯言歸之于京師與使聽之也與使聽其獄也時天王居于鄭晉文欲討楚師以宋王者之後法度所存故因假使治之宋稱人者明聽訟必師斷與其師衆共之曹伯之罪何甚惡也其甚惡奈何不可以一罪言也曹伯數侵伐諸侯以自廣大傳曰晉侯執曹伯班其所取侵地于諸侯是也齊桓既沒諸侯背叛無道者非一晉與曹同姓恩惠當先施刑罰當後加起而征之嫌其失義故著其甚惡者可知也以兵得不言獲者晉文伯討不坐獲者故亦不責曹不死義兵曰者喜義兵得時入夏四月己巳晉侯齊師宋師秦師及楚人

戰于城濮楚師敗績此大戰也曷爲使微者據秦稱師錄功知大戰必不使微者楚雖無大夫齊桓行霸書屈完字也子玉得臣也以上敗績下殺得臣子玉得臣則其稱人何據屈完字當桓公稱名氏貶曷爲貶據鄢之戰林父不貶大夫不敵君也臣無敵君戰之義故絕正也秦稱師者助霸者征伐克勝有功故褒進之齊桓先朝天子晉文先討夷狄者晉文之時楚與爭彊所遭遇異楚殺其大夫得臣楚無大夫其言大夫者欲起上楚人本當言子玉得臣所以詳錄霸事不氏者子玉得臣楚之驕蹇臣數道其君侵中國故貶明當與君俱治也衛侯出奔楚晉文逐之不言逐之者以王事逐之擇立其公無絕衛之心惡不可出奔重五月癸丑公會晉侯齊侯宋公蔡侯鄭伯衛子莒子盟于踐土陳侯如會其言如會何據曹伯襄言會諸侯後會也諸與會伐宋同刺陳

侯不慕霸者反欲意于楚失信後會會不致者安信與晉文也盟日者譏出衛[illegible]子名起叔武本無即位之意陳岐意于楚在二十七年公朝于王所曷爲不言公如京師據三月公如京師天子在是也天子在是則曷爲不言天子在是據狩于河陽不與致天子也時晉文公年老恐霸功不成故上白天子曰諸侯不可卒致願王居踐土下謂諸侯曰天子在是不可不朝迫使正君臣明王法雖非正起時可與故書朝因正其義不書諸侯朝者外小惡不書獨錄內也不書如不言天王者從外正君臣所以見文公之功六月衛侯鄭自楚復歸于衛言復歸者天子有命歸之名者刺天子歸有罪也言自楚者爲天子之諱也天子所以陵遲者爲善不賞爲惡不誅衛侯出奔當絕叔武讓國不當復廢而反衛侯令殺叔武故使若從楚歸者復歸例皆時此月者爲下卒出也衛元咺出奔晉陳侯款卒不書葬者爲晉文諱行霸不務教人以孝陳有大喪而彊會其孤故深爲諱之宋襄亦背殯獨不爲齊桓諱者時宋襄自會之卒不日者賤其岐意于楚秋

杞伯姬來公子遂如齊冬公會晉侯齊侯
宋公蔡侯鄭伯陳子莒子邾婁子秦人于
温天王狩于河陽狩不書此何以書據常事也不
與再致天子也一失禮尚愈再失禮重故深正其義使若天子自狩非致也魯子
曰温近而踐土遠也此魯子一說也温近狩地故可言狩踐土遠狩地故不言狩也
公以再朝而日言之上說是壬申公朝于王所其日何據上朝不日
録乎内也危録内再失禮將爲有義者所惡不月而日者自是諸侯不繫天子若日不繫於月晉
人執衛侯歸之于京師歸之于者何歸于
者何歸之于者罪已定矣歸于者罪未定
也罪未定則何以得爲伯討此難成公十五年晉侯執曹伯歸于

京師歸之于者執之于天子之側者也罪定不
定已可知矣歸之者決絶之辭執于天子之側已白天子罪定不定自在天子故言已可知歸
于者非執之于天子之側者也罪定不定
未可知也未得白天子分别之者但欲明諸侯尊貴不得自相治當斷之于天子爾大惡雖未可知執有
罪當爲伯討矣無罪而執人當貶稱人衛侯之罪何殺叔武也何以
不書據殺大夫書爲叔武諱也春秋爲賢者諱何
賢乎叔武據失兄意讓國也其讓國柰何文公逐
衛侯而立叔武叔武辭立而他人立則恐衛侯
之不得反也故於是已立故上稱子然後爲踐土
之會治反衛侯叔武訟治於晉文公令白王者反衛侯使還國也叔武讓國見殺而爲叔武諱

殺者明叔武治反衛侯欲兄饗國故爲去殺己之罪所以起其功而重衛侯之無道衛侯得反曰叔武篡我元咺爭之曰叔武無罪終殺叔武元咺走而出此晉侯也其稱人何此以伯討而何貶者言歸之于伯討明知坐他事故更問之貶曷爲貶據他罪不見衛之禍文公爲之也文公爲之柰何文公逐衛侯而立叔武使人兄弟相疑春秋許人臣者必使臣許人子者必使子文公惡衛侯大深愛叔武大甚故使兄弟相疑放乎殺母弟者文公爲之也文公本逐之非故致此禍也逐之文不見故貶主書者以起文公逐之衛元咺自晉復歸于衛自者何有力焉者也有力焉者有力于晉也言恃晉有屬己力以歸方難下意故於是發問此執其君其言自何上元咺出奔晉而文公執

衛侯知以元咺訴執之怪訴其君而助之爲叔武爭也解文公助之意以元咺爲叔武爭訴以爲忠於己而助之雖然臣無許君之義復於衛非也悖君臣之義故著言自明不當有力於惡人也言復歸者深爲霸者恥之使若無罪諸侯遂圍許曹伯襄復歸于曹遂會諸侯圍許曹伯言復歸者天子歸之也名者與衛侯鄭同義執歸不書書者名惡當見本無事不當言遂又不更舉曹伯者見其能悔過即時從霸者征伐也霸兵不月者剌文公不偃武脩文以附疏倉卒欲服許卒不能降威信自是衰故不成其善二十有九年春介葛盧來介葛盧者何夷狄之君也何以不言朝据諸侯來曰朝不能乎朝也不能升降揖讓也介者國也葛盧者名也進稱名者能慕中國朝賢君明當扶勉以禮義公至自圍許夏六月公會王人晉人宋人齊人陳人蔡人秦人盟于狄泉文公圍許不能服自知威信不行故復上假王人以會諸侯年

老志衰不能自致故諸侯亦使微者會之月者惡霸功之廢於是秋大雨雹夫人專愛之所生冬
介葛盧來前公圍許不在故更來朝不稱字者一年再朝不中禮故不復進也
三十年春王正月夏狄侵齊秋衛殺其大
夫元咺及公子瑕衛侯未至其稱國以殺
何据歸在下道殺也時已得天子命還國於道路遇而殺之坐之與至國同故但稱國不復別也言及公
子瑕者下大夫別尊卑衛侯鄭歸于衛此殺其大夫其言
歸何据未至而有專殺之惡與入惡同歸惡乎元咺也衛侯歸殺無惡則元咺之
惡明矣曷爲歸惡乎元咺据師還元咺之事君也君
出則己入晉人執衛侯歸之于京師元咺自晉復歸于衛恃晉力以歸是也君入則己
出衛侯鄭自楚復歸于衛元咺出奔晉是也以爲不臣也故不從犯伯執爲天子所還言復歸

從出入無惡言歸以見元咺有出入罪衛侯得殺之所以專臣事君之義名者爲殺叔武惡天子歸有罪也執歸不書主書者
名惡當見晉人秦人圍鄭介人侵蕭稱人者侵中國故退之冬
天王使宰周公來聘與葵丘會同義公子遂如京師
遂如晉大夫無遂事此其言遂何公不得
爲政爾不從公政令也時見使如京師而横生事矯君命聘晉故疾其驕蹇自專當絶之不舉重者遂當有本
三十有一年春取濟西田惡乎取之以不月與取運
異知非内叛邑取之曹也曷爲不言取之曹据取叢言邾婁田也
諱取同姓之田也同姓相貪利惡差重恥差深此未有伐曹
者則其言取之曹何据伐同姓不諱即有兵當舉伐曹下日若甲戌取須朐
晉侯執曹伯班其所取侵地于諸侯也班者布徧

還之辭晉侯執曹伯班其所取侵地于諸侯則
何諱乎取同姓之田據晉還之得爲伯久也魯本爲霸者所還當時不
取久後有悔更緣前語取之不應復得故當坐取邑公子遂如晉夏四月四
卜郊不從乃免牲猶三望曷爲或言三卜
或言四卜三卜禮也四卜非禮也三卜何
以禮四卜何以非禮據俱卜也求吉之道三三卜吉凶必有
相奇者可以決疑故求吉必三卜禘嘗不卜郊何以卜禘比祫爲大嘗比四時祭
爲大故據之卜郊非禮也禮天子不卜郊卜郊何以非禮據上言三
卜禮魯郊非禮也以魯郊非禮故卜爾昔武王既沒成王幼少周公居攝行天子事制禮作樂致大平
有王功周公薨成王以王禮葬之命魯使郊以彰周公之德非正故卜三卜吉則用之不吉則免牲謂之郊者天人相與交接

之意也不言郊天者謙不敢斥尊魯郊何以非禮據成公乃不郊惡之天子祭
天郊者所以祭天也天子所祭莫重於郊郊居南郊者就陽位也槀席玄酒器用陶匏大珪不琢大羹不和爲天至尊物
不可悉備故推質以事之諸侯祭土土謂社也諸侯所祭莫重於社卿大夫祭五祀士祭其先祖天
子有方望之事方望謂郊時所望祭四方羣神日月星辰風伯雨師五嶽四瀆及餘山川凡三
十六所無所不通盡八極之内天之所覆地之所載無所不至故得郊也諸侯山川有
不在其封内者則不祭也故魯郊非禮也曷爲或言
免牲或言免牛免牲禮也魯卜郊不吉免之禮卜郊不吉則爲牲作玄衣
纁裳使有司玄端放之於南郊明本爲天不敢留天牲免牛非禮也免牛何以
非禮傷者曰牛養牲不謹敬有災傷天不饗用不得復爲天牲故以本牛名之非禮者非天牲
不當復見免但當内自省責而已三望者何望祭也然則曷祭祭

泰山河海曷爲祭泰山河海据郊者主爲祭天山川
有能潤于百里者天子秩而祭之此皆助天宣氣布功
故祭天及之秩者隨其大小尊卑高下所宜禮祭天牲角繭栗社稷宗廟角握六宗五嶽四瀆角尺其餘山川視卿大夫天燎
地瘞日月星辰布山縣水沉風磔雨升燎者取俎上七體與其珪寶在辨中置於柴上燒之觸石而出
膚寸而合側手爲膚按指爲寸言其觸石理而出無有膚寸而不合不崇朝而
徧雨乎天下者唯泰山爾崇重也不重朝言一朝也河海
潤于千里亦能通氣致雨潤澤及于千里韓詩傳曰湯時大旱使人禱于山川是也郊望非一獨祭
三者魯郊非禮故獨祭其大者猶者何通可以已也已止何以書
譏不郊而望祭也譏尊者不食而卑者獨食書者惡失禮也魯至是郊者僖公賢君欲
尊明其先祖之功德不就廢之譏者春秋不見事不書皆從事舉可知也不吉言不從者明己意汲汲欲郊而卜不從爾

所以見事鬼神當加精誠秋七月冬杞伯姬來求婦其言來
求婦何兄弟辭也其稱婦何有姑之辭也
書者無出道也狄圍衛十有二月衛遷于帝丘月者惡大國遷
至小國城郭堅固人衆彊遷徙畏人故惡之也
三十有二年春王正月夏四月己丑鄭伯
接卒不書葬者殺大夫申侯也君殺大夫皆就葬別有罪無罪唯內無貶公之道不可去葬故從殺時別之
衛人侵狄秋衛人及狄盟不地者起因上侵就狄盟也復出衛人者
嫌與內微者同也言及者時出不得狄君也稱人而言及則知狄盟者卑冬十有二月己
卯晉侯重耳卒
三十有三年春王二月秦人入滑齊侯使

國歸父來聘夏四月辛巳晉人及姜戎敗秦于殽其謂之秦何據敗者稱師未得師稱人夷狄之也曷爲夷狄之據俱見敗秦伯將襲鄭輕行疾至不戒以入曰襲百里子與蹇叔子諫曰千里而襲人未有不亡者也行疾不假塗變必生道遠多險阻遭變必亡秦伯怒曰若爾之年者宰上之木拱矣宰冢也拱可以手對抱爾曷知師出百里子與蹇叔子送其子而戒之曰爾即死必於殽之嶔巖是文王之所辟風雨者也其處險阻隘勢一人可要百故文王過之驅馳常若辟風雨襲鄭所當由也吾將尸爾焉在牀曰尸在棺曰柩子揖師而行揖其父於師中介胄不拜爲其拜如蹲百里

子與蹇叔子從其子而哭之秦伯怒曰爾曷爲哭吾師對曰臣非敢哭君師哭臣之子也言恐臣先死子不見臣故先哭之弦高者鄭商也鄭商賈人遇之殽矯以鄭伯之命而犒師焉詐稱曰矯犒勞也見其軍行非常不似君子恐見虜掠故生意矯君命勞之或曰往矣或曰反矣軍中語也時以爲鄭實使弦高犒之或以爲鄭伯已知將見襲必設備不如還或曰緒出當遂往之然而晉人與姜戎要之殽而擊之匹馬隻輪無反者然然上議猶豫留住之頃也匹馬一馬也隻踦也皆喻盡其言及姜戎何據秦人白狄不言及吳子吳子主會也姜戎微也故絶言及稱人亦微者也何言乎姜戎之微據邢人狄人伐衛不言及先軫也先軫晉大夫也言姜戎微則知稱人者尊或曰襄公親

之〔以既貶又危文公葬〕襄公親之則其稱人何〔據桓十三年衛侯背殯用兵不稱人〕貶曷為貶〔據俱背殯用兵〕君在乎殯而用師危不得葬也〔與衛迫齊宋異故惡不子也〕詐戰不日此何以日〔據不言敗績外詐戰文也〕盡也〔詐卒也齊人語也〕〔惡晉不仁〕癸巳葬晉文公狄侵齊公伐邾婁取叢〔取邑不致者得意可知例〕秋公子遂率師伐邾婁晉人敗狄于箕〔不月者略微者與夷狄也〕冬十月公如齊〔月者善公念齊恩及子孫〕十有二月公至自齊乙巳公薨于小寢隕霜不殺草李梅實何以書記異也何異爾不時也〔周之十二月夏之十月也易中孚記曰陰假陽威之應也早隕霜而不殺萬物至當隕霜之時根生之物復榮不死斯陽假與陰威陰威列索故陽自隕霜而反不能殺也此祿去公室政在公子遂之應也〕晉人陳人鄭人伐許

春秋公羊卷第五

經七千一百五十二字
注一萬八百字